般若心経で朝から幸福に生きる

不安を解決する30講

ひろさちや

青春出版社

まえがき

「きみはユニークな人物だね」

上司から言われたその一言で、ノイローゼになったビジネスマンがいます。

彼は、自分が褒められたのか貶《けな》されたのか、わからなくなったのです。

〝ユニーク〟といった言葉を辞書で調べてみると、

《同じようなものがほかにあまり見られぬさま。独特なさま》（『大辞林』）

とあります。しかし、そう確かめたところで、褒められたのか貶されたのか、さっぱりわかりません。あれこれ考えているうちに、ついに神経症になってしまったのです。

なんだか笑い話みたい。でも、あなたはこれを笑って済ますことができますか……?

そういえば恋人に、

「あなたって、おめでたい人ね」

と言われて、喧嘩《けんか》別れをした者がいます。わたしであれば、そう言われるとむしろ喜んじゃいますがね。でも、〝おめでたい〟といった言葉は、どこか軽蔑を含んでいます。

人間は、他人からの、

――毀《き》・誉《よ》・褒《ほう》・貶《へん》――

が気になります。そんなもの、なにも気にする必要はないではないか、と言うのは簡単です。他人の評価を気にしないでいられる人は、よほど神経が太いか鈍感か、あるいは無神経なんです。

したがって、気になるものを、

「気にするな!」

と言ったって、解決になりません。水に溺れている人間に、「溺れるな!」と言うようなものです。気になるから気にしているのですよ。

では、どうすればよいでしょうか……?

じつは、『般若心経』がそこのところを教えてくれています。

もっとも、『般若心経』は、具体的な方法を教えてはくれません。どうすれば溺れないでいられるかを教えてくれるのではなく、人間というものはもともと水に浮くものだ、だから溺れないで済むのだ、といった原理的・理論的なことを教えてくれているのです。その「原理」がわかれば、わたしたちはそれを実生活に「応用」できるはずです。

そういう意味で、『般若心経』はわれわれにとって役に立つお経です。

本書は、『般若心経』にまず「原理」を学び、そしてその原理をわれわれの実生活にどのように「応用」をすればいいかを考察したものです。この「原理」と「応用」を学んでおけば、きっとあすからの読者の生活がもっと気楽になるだろうと思います。

合掌

二〇〇三年五月

ひろ　さちや

装画　平野こうじ

目次

「般若心経」で朝から幸福に生きる

II

Ⅲ

Ⅳ

V

Ⅵ

『仏説《ぶっせつ》摩訶《まか》般若《はんにゃ》波羅蜜多《はらみった》心経《しんぎょう》』

唐三蔵法師《とうさんぞうほうし》玄奘《げんじょう》訳《やく》

観自在菩薩《かんじざいぼさつ》。行深般若波羅蜜多時《ぎょうじんはんにゃはらみったじ》。照見五蘊皆空《しょうけんごうんかいくう》。度一切《どいっさい》苦厄《くやく》。舎利子《しゃりし》。色不異空《しきふいくう》。空不異色《くうふいしき》。色即是空《しきそくぜくう》。空即是色《くうそくぜしき》。受想行識《じゅそうぎょうしき》。亦復如是《やくぶにょぜ》。舎利子《しゃりし》。是諸法空相《ぜしょほうくうそう》。不生不滅《ふしょうふめつ》。不垢不浄《ふくふじょう》。不増不減《ふぞうふげん》。是故空中無色《ぜこくうちゅうむしき》。無受想行識《むじゅそうぎょうしき》。無眼《むげん》耳鼻舌身意《にびぜっしんい》。無色声香味触法《むしきしょうこうみそくほう》。無眼界《むげんかい》。乃至無意識界《ないしむいしきかい》。無《む》

無明《むみょう》。亦無無明尽《やくむむみょうじん》。乃至《ないし》無老死《むろうし》。亦無老死尽《やくむろうしじん》。無苦集滅《むくしゅうめつ》
道《どう》。無智亦無得《むちやくむとく》。以無所得故《いむしょとくこ》。菩提薩埵《ぼだいさった》。依般若波羅蜜多《えはんにゃはらみった》
故《こ》。心無罣礙《しんむけいげ》。無罣礙故《むけいげこ》。無有恐怖《むうくふ》。遠離一切顛倒夢想《おんりいっさいてんどうむそう》。
究竟涅槃《くきょうねはん》。三世諸仏《さんぜしょぶつ》。依般若波羅蜜多故《えはんにゃはらみったこ》。得阿耨多羅三《とくあのくたらさん》
藐三菩提《みゃくさんぼだい》。故知般若波羅蜜多《こちはんにゃはらみった》。是大神呪《ぜだいじんしゅ》。是大明呪《ぜだいみょうしゅ》。是《ぜ》
無上呪《むじょうしゅ》。是無等等呪《ぜむとうどうしゅ》。能除一切苦《のうじょいっさいく》。真実不虚《しんじつふこ》。故説般若波《こせつはんにゃは》
羅蜜多呪《らみったしゅ》。即説呪曰《そくせつしゅわつ》。羯諦《ぎゃてい》。羯諦《ぎゃてい》。波羅羯諦《はらぎゃてい》。波羅僧羯諦《はらそうぎゃてい》。
菩提薩婆訶《ぼうじそわか》。般若心経《はんにゃしんぎょう》。

『般若心経』――現代語訳

釈迦牟尼仏《しゃかむにぶつ》が説きたまえる
すばらしい般若波羅蜜多《はんにゃはらみった》の精髄を示したお経

観世音菩薩《かんぜおんぼさつ》――（別名、観自在菩薩《かんじざいぼさつ》。つまり、観音《かんのん》さま）――が、その昔、深《じん》・般若波羅蜜多を実践された時、物質も精神も、すべてが空であることを照見されて、一切の苦厄を克服された。

舎利弗《しゃりほつ》――（あるいは舎利子《しゃりし》。シャーリプトラ）――よ、あらゆる物質的存在は空にほかならず、空がそのまま物質的存在にほかならない。物質的存在がすなわち空、空がすなわち物質的存在なのだ。知ったり、感じたり、判断したり、意欲したりするわれわれの精神作用も、これまた同じく空である。

舎利弗よ、すべての存在が空である――すべての存在に実体がない――ところから、生滅もなく、浄不浄もなく、また増減もない。したがって、実体がないのだから、物質的存在も精神作用もなく、感覚器官もなければ、対象世界もない。そして、感覚器官とその対象との接触によって生じる認識だってない。人間の根源的な無智迷妄がなく、また無智迷妄が消滅するわけでもない。そして、老死という苦しみもなく、老死という苦しみが消滅するわけでもない。原始仏教で説かれてきた「四つの真理」もなく、智もなければ得もない。もともと得るということがないからである。

菩薩（求道者）たちは、般若波羅蜜多を実践しているので、その心はなにものにも執着せず、またわだかまりがない。わだかまりがないから、恐怖もないし、事物をさかさまに捉えることもなく、妄想に悩まされることもなく、心は徹底して平安である。過去・現在・未来の三世にまします諸仏たちも、般若波羅蜜多を実践されて、この上ない正しい完全な悟りを得られたのだ。

だから、このように言うことができよう。般若波羅蜜多というのは、すばらしい霊力のある言葉、すなわち真言であり、すぐれた真言、無上の真言、無比の真言である、と。それはあらゆる苦しみを消滅させてくれる。じつに真実にして虚ならざるものである。そこで、般若波羅蜜多の真言を説く。すなわち、これが真言である――。

往き、往きて、彼岸に達せる者よ。まったき彼岸に達せる者よ。悟りあれ、幸《さち》あれ。

I

1　人生いまが花時

人生を幸福に生きる秘訣は、自分がいまどのような状況にあろうと、

——人生いまが花時——

と思うことです。あなたがいま何歳であろうと、いまあなたは花時なんです。そして、あなたがいまどんな苦しみの状況にあろうと、あなたはいま花時です。そう思って生きれば、あなたはたちまち幸せになれます。

人生いまが花時——。そうなんです、あなたはいま、最高の状態にあります。

もっとも、この〝花時〟〝最高〟といった言葉は、ひょっとしたら誤解されるかもしれ

ません。いまが最高だということは、あとは下降線をたどるというわけか、と。

たしかに、論理的にはそうなります。最高の状態にあるものは、あとは顚落《てんらく》するばかりです。

ですから日本人は「完成」を嫌います。建物を造っても、庭園を造っても、どこかを未完成にしておきます。完成すれば、その建物や庭園は今後、崩壊に向かうにきまっているからです。

人生も、いまが最高であれば、あとは下降線です。そして、実際に人生は、

――下り坂――

です。人間は老い、衰えるものです。このことは否定できない事実です。しかし、それについては、あとで話すことにします（↓第20講）。

じつは、わたしがここで「人生いまが花時」と言っているのは、未来のことは考えないという前提に立っています。

あなたは、人生がきょうで終りだと考えます。いえ、自殺しろ、と言っているのではありませんよ。ともかく、人生をきょうの時点で清算してみるのです。あす以降は全部括弧《かっこ》に入れて考えます。あるいは、考えないことにします。そうすると、かりにあなたにとっ

てきょうは最悪だと思える日であっても、あなたにはきょう一日だけしかないのですから、きょうが最高になります。

いや、待ってくださいよ。同時にあなたは、過去のことを忘れないといけませんね。過去の日々とくらべると、われわれはなかなかきょうが最高とは思えません。過ぎ去った日のことは忘れてしまいましょう。そうすると、過去を忘れ、未来を括弧に入れてしまうと、われわれにとってきょうが最高になります。きょうしかないのだから、きょうが最高です。人生いまが花時なんです。

なんだか屁理屈にごまかされたように思っておられる読者もおられそうですが、この「人生いまが花時」という認識が、人生を幸福に生きる秘訣です。だから、読者はまず最初に、「人生いまが花時」と信じてください。できれば、声に出して唱えてください。そして、われわれの『般若心経』の勉強をここからはじめます。そして、最後にここに戻ってきます。

ともあれ、人生いまが花時です。それをしっかりと信じてください。

＊

仏教の開祖の釈迦は、次のように言っておられます。

過去を追うな。
未来を願うな。
過去はすでに捨てられた。
そして未来はまだやって来ない。
だから現在のことがらを
それがあるところにおいて観察し、
揺《ゆら》ぐことなく動ずることなく、
よく見きわめて実践せよ。
ただきょうなすべきことを熱心になせ

（『中部経典』一三一）

わたしたちは、あのとき、ああしておけば、こんなことにはならなかったのに……と、過去の行為を後悔します。だが、「後悔先に立たず」といった言葉もあるように、そのときにはそうするよりほかなかったのです。それに、過去の出来事を変更することは不可能です。

〝後悔〟を〝反省〟といった言葉に置き換えてみても、同じです。わたしたちは、反省することがいいことだと思わされてきましたが、釈迦は「過去を追うな！」と言っておられます。反省する必要なんてないのです。

じつは、わたしたちが反省をはじめると、たいていの場合、自分を正当化することになってしまいます。

〈そうなんだ。あのとき俺はああするよりほかなかったんだ。だから、俺はまちがっていない。悪いのはあいつだ！〉

そうなるのです。それじゃあ、反省になっていませんよ。

お釈迦さまが言われることは、過去をさっぱり忘れてしまって、現在、現実をしっかりと受け容れよ！　ということです。

同時に、未来を願うのもよくない。

われわれは、未来に希望を持て！　と教わりました。しかし、希望を持つということは、現実はよくない、現在は惨めだと思っているからです。それは、現在を否定しているのです。

でも、われわれが生きねばならぬのは、いつだって「現在」です。その「現在」を否定して、われわれはどこに生きることができるのですか……。

＊

キリスト教のイエスは、

だから、明日のことまで思い悩むな。明日のことは明日自《みずか》らが思い悩む。その日の苦労は、その日だけで十分である。

（『新約聖書』「マタイによる福音書」6）

と言っています。神のオールマイティー（全能）を認めたところに成り立つキリスト教においては、未来は神の権限の下にあります。人間が未来をどうすることもできない。だから、わたしたちは、未来に関してあれこれ思い悩まずに、きれいさっぱり神さまにおまかせしておけばよい。それがイエスの言っていることです。

＊

最後に、ラテン語の名言を紹介しておきます。

カルペ・ディエム

です。これは、古代ローマの叙情詩人・諷刺詩人のホラティウス（前六五―前八）の言葉です。「きょうを楽しめ」という意味。

つまり、人生いまが花時です。われわれはここから出発しましょう。

2 「もっと、もっと」が不幸にする

クルイローフ（一七六九―一八四四）というロシアの寓話詩作家がいます。彼のつくった寓話に、こんなのがあります。

ある男が、魔法の財布を手に入れます。お金の単位が面倒なもので、日本円にして話を進めます。だから、原作とちょっと違ってきますが、お許しください。

これは魔法の財布であって、この財布を開くと百円玉が一個入っています。

「なんだ、たったの百円か。あまりありがたくはないなあ……」

と言わないでください。あなたがその百円玉を取り出して、その財布をパチンと閉めま

す。そして、再びその財布を開きます。そうすると、財布の中には、また百円玉が一個入っています。

そして、あなたがその百円を取り出し、また財布をパチンと閉めて、それからまた開く。そうすると、またまた百円玉が入っているのです。

したがって、あなたはこの財布からいくらでも百円玉を取り出すことができるのです。それだけを聞けば、これはなかなかすばらしい財布です。ところが、これが魔法の財布である証拠には、そこに一つの条件がついているのです。

それは、あなたは欲しいだけのお金をこの財布から取り出せますが、その取り出したお金をあなたが使えるのは、あなたがその財布を棄《す》ててしまったあとなんです。この財布を手許《てもと》に残しておいて、それで取り出したお金で何か物を買おうとしても、そのお金は消えてしまいます。そのお金がお金として使えるようになるためには、あなたは財布をどこかに棄ててしまわないとならないのです。

そんな財布を、ある男が手に入れました。

男は、財布をパッチン、パッチンとやって、次から次へと百円玉を取り出しました。

朝から晩まで、男はその「仕事」に精を出します。

そして、翌日も、その翌々日も……。

家に食糧のあるうちは、寝る時間を惜しんで、男は「仕事」を続けます。

食糧がなくなっても、手持ちの金のあるうちは、それで食糧を買って来て、「仕事」を続けました。その手持ちの金のなくなったあとも、数日間は飢えをしのいで「仕事」に励みました。

家の中は百円玉でいっぱいになります。

〈もうこれで十分だ〉

男はそう考え、財布を棄てに行きます。

だが、いざ橋の上から財布を川に投げようとした瞬間、

〈いや、あともう少し……〉

といった考えになるのです。それで財布を家に持ち帰り、「仕事」を続けました。

翌日、男はもう一度、橋の上まで行きました。だが、どうしても踏ん切りがつきません。

また、財布を家に持ち帰ります。

さらにその翌日も、同じことになりました。

そのあと……。

たぶん読者は、結末を予測しておられますよね。その通りです。とどのつまりは、男は百円玉に埋もれて死んでしまったのです。

この男は馬鹿です。正真正銘の馬鹿です。

でもね、日本人にこの男を笑える資格があるでしょうか。

あのバブルの時代、日本人はこの男と同様に、〈もっと、もっと〉と考えていたのではありませんか。そもそも戦後の経済成長だって、〈あともう少し〉〈もっと、もっと〉と思い込んだ、日本人の執念がつくったものなんでしょう。そして、こんなに経済大国になったのに、それでもまだ〈もっと、もっと〉と考えているのだから、どうしようもありません。

ともあれ、

――「もっと、もっと」「あともう少し」――

は、人間を不幸にします。それは本質的には貪欲《どんよく》なのに、わたしたちはそのことに気づかずに、それを美化して「向上心」だとか「覇気」だと呼んでいるのです。そして、最近の若者たちには「覇気が見られない」と言っている。あべこべですよ。若者たちが正常で、貪欲丸出しのエコノミック・アニマルの老人たちのほうがおかしいのです。魔法の財布を棄てられずにいる老人どもは、きっと百円玉に埋もれながら死んでいくことでしょう。

人間が幸福になるには、魔法の財布を棄てねばなりません。

逆に、魔法の財布を棄てさえすれば、わたしたちはたちまち幸せになれるのです。

まあ、魔法の財布というものは、「もっと、もっと」という貪欲ですね。「あともう少し」といった欲望です。

しかし、人間に欲望があるのはあたりまえで、その欲望をなくすことはできない。いや、欲望がなくなったら、人間はだめになる。そう思っている人が多いですね。でも、ジュエリー（宝飾品）の購買意欲を調査したところ、すでに数多くジュエリーを所有している人のほうが、あまり所有していない人よりも購入意欲の高いことがわかりました。つまり、ジュエリーは持てば持つほどますます欲しくなるものです。いや、ジュエリーにかぎらず、ほとんどの商品が、持てば持つほどますます欲しくなるものです。それが欲望の本質です。

ということは、魔法の財布は欲望そのものです。

この魔法の財布を棄てないことには、わたしたちは幸福になれません。

では、いつ、この魔法の財布を棄てるとよいでしょうか……？

それは、いつだっていいのです。

どういう時、いかなる瞬間、そんな時、そんな瞬間はないのです。そんな瞬間があると思っているから、財布が棄てられないのです。そんな瞬間なんてありませんよ。いつだっていいのです。あなたが棄てようと思ったときが、その瞬間です。いや、そうではなしに、あなたはきょう、いまの瞬間に、魔法の財布を棄てるべきだ。この瞬間を逃がすと、財布が棄てられなくなります。

ですが、それには勇気がいります。あなたにその勇気がありますか……？

〈別段、きょうでなくてもいいだろう……。もう少しあとでもいいだろう〉

あなたはそんなふうに考えます。あなたにそのように躊躇《ちゅうちょ》させるのが、欲望です。欲望があなたの脚を引っ張り、あなたの決断をにぶらせます。

困ったものですね。

でも、われわれは凡夫だから、それで仕方がありません。

しかしながら、あなたは知っておいてください。

――魔法の財布を棄てるべきは、いまのこの瞬間だ――

ということを。にもかかわらず、あなたは財布を棄てられない。それはそれでいいのです。でも、棄てるべきだ！　と知っていれば、やがて自然にそういう智慧《ちえ》が育ってきます。

そういう智慧というのは、ほとけさまの智慧です。あるいは般若《はんにゃ》です。あなたのなかに自然に般若（ほとけさまの智慧）が熟してくるのを待っていればいい。『般若心経』はそう教えています。

まあ、ゆったりと待っていましょうよ。下世話にも言いますよね。「急《せ》いては事を仕損ずる」と。

3　下手でも楽しみながら生きる

馬祖道一《ばそどういつ》（七〇九—七八八）は、中国唐代の禅僧の大物です。この人は、

《虎の如くに視《み》、牛の如くに行き、舌を伸ぶれば鼻を過ぎ、足の裏には紋があって字を成す》

と、いささか魁偉《かいい》なる容貌の伝えられている人物です。

その馬祖の師は南嶽《なんがく》懐《え》譲《じょう》（六七七—七四四）。ここに紹介する話は、馬祖がまだ南嶽の弟子として修行中のものです。だから、馬祖にはまだ、禅のなんたるかがわかっていません。

ある日、坐禅《ざぜん》をしている馬祖のそばに師の南嶽がやって来て、尋ねます。

「おまえは何をしとるんじゃ……?」

「坐禅をしています」

弟子はそう答えました。だが、これは馬祖の失敗です。坐禅をしていることぐらい、見ればわかります。師が問うたのは、その坐禅の奥底にあるものを、おまえはどう自覚しているのか? そういうことです。

しかし、南嶽は親切です。こんな馬鹿な弟子は相手にしておれんわい……と、さっさと見捨ててしまってていいものを、南嶽は親切に教えてやるのです。まあ、たぶん、南嶽は馬祖の力量を見抜いていたのでしょう。

「何のために坐禅をしているんじゃ?」

「もちろん、悟りを開いて仏になるためです」

これも平凡な答えですね。しかし、南嶽はどこまでも親切です。彼は、かたわらに落ちていた磚《せん》を拾って、黙って石の上で磨きはじめました。磚とは敷き瓦《がわら》です。

こんどは馬祖が問う番です。

「師よ、何をしておられるのですか?」

「見ればわかるじゃろ。磚を磨いておる」

「磨いて、どうされるのですか？」

「磨いて鏡にしようと思っておる」

「でも、磚はいくら磨いても鏡になりませんよ」

その弟子の言葉に応えて、南嶽はこう言いました。

「おや、そうかい。おまえさんに、それがわかっとるんじゃな。それなのに、おまえはどうして坐禅をして仏になろうとするのじゃ……」

さて、この言葉は、弟子の馬祖に通じたでしょうか。いくら傑物の馬祖であっても、そのときはまだ師の言葉の意味がわからなかったかもしれません。

南嶽がこの弟子に教えたかったのは、凡夫が修行して仏になるのではない、ということだと思われます。

つまり、瓦はいくら磨いても瓦です。瓦を磨いて鏡になるわけがありません。鏡だから、磨けば鏡になるのです。

それと同様に、凡夫はいくら修行しても凡夫です。仏だから、修行すれば仏になれるのです。

ということは、坐禅は、すでに仏である者がそこに坐禅をしていることになります。おまえは、そういう気持ちで坐禅をするんだよ……。南嶽は馬祖にそう言いたかったのです。わたしはそう受け取っています。

要するに、わたしたちは、

――仏の子――

なんです。仏の子が修行している姿が坐禅です。凡夫が仏になろうとして修行すると、しんどいものです。途中でいやになるでしょう。そうではなくて、仏の子が坐禅を楽しんでいる。そういう修行が禅の修行だと思います。

蛙《かえる》の子はオタマジャクシです。オタマジャクシは蛙の子だから、オタマジャクシが大きくなれば蛙になれるのです。わたしたちは仏の子だから、仏になれるのです。いや、仏の子はすでに仏です。仏になれると考えるのではなしに、自分が仏だと考えるべきです。そうして修行を楽しむ。仏教の修行は苦行《くぎょう》ではありません。楽しみながら修行をするのが、仏教の修行です。『般若心経』はそのことを教えているのだと思ってください。

これは、仏教の修行だけではありません。総じて日本人の悪い癖《くせ》は、物事を、

――楽しむ――

ことを忘れているのではないでしょうか。わたしはゴルフはしないのですが、ゴルフをやる多くの人は練習をしてうまくなろうとしているようです。カラオケにしても、うまくなろうとする人が多いですね。

下手《へた》が下手なりに楽しむ。それが本当の楽しみ方ではないでしょうか。

もちろん、プロは練習していいのです。うまくなろうとすべきです。

しかし、アマチュアは、わたしは、練習をしてうまくなろうとしてはいけないのだと思います。下手が下手のまま楽しむのが、アマチュアリズムなんです。イギリス人などはそう考えているようです。それでイギリス人は、日本人とゴルフをするのをいやがると聞きました。日本人は練習をしてきて、すぐにうまくなるからです。

人生においても、上手に人生を生きる必要はありません。人生においては、われわれはみんなアマチュアなんです。下手であっていいのです。楽しみながら、人生を生きる。『般若心経』は、わたしたちにそんなことを教えてくれているようです。

4　忙しくしない

インドの首都のニューデリーで見たのですが、歩行者向けの交通信号が赤になると、そこに、

――リラックス（RELAX）――

といった英語が書かれていました。ちょっとおもしろいと思いました。

道を急いでいるとき、赤信号にあうとイライラします。大阪人などは、信号が青になる前に横断をはじめます。その点、東京人のほうが少しは落ち着いています。

どうも現代日本人は、忙しく人生を生きていますね。そもそも忙しいことがいいことだ

と思っています。

「お忙しそうですね」――「ええ、幸いにして」

そんな会話が日本では成り立ちます。

しかし、欧米人だと、

「お忙しそうですね」――「ええ、不幸にして」

となるのだそうです。作家の塩野七生《ななみ》さんが書いておられました。なぜかといえば、リッチというのは自分のためにふんだんに時間の余裕を持っている人を言うのであって、金儲けのためにあくせくと忙しくせねばならぬ人は貧しいのだそうです。

なるほど、〝忙〟という字は〝心を亡くす〟と書きます。「お忙しそうですね」と言われたら、わたしは、「おまえは心を亡くしている」と言われたのだと受け取り、それで、

「いいえ、忙しくありません。ただ、スケジュールが過密なだけなんです」

と答えるようにしています。でも、そんなふうに言ったところで、そもそもスケジュールが過密なのがよくないのです。反省せねばなりません。

じつは、仏教が教えている生き方は、

――中道――

です。仏教の開祖の釈迦は、苦行を放棄し、中道を歩むことによって宇宙の真理を悟って仏陀《ぶっだ》となったのです。もしも釈迦が苦行をつづけていたら、絶対に釈迦は仏陀になれなかったでしょう。

「中道」は仏教の根本思想ですから、当然、『般若心経』も中道を教えているわけです。

では、中道とは何でしょうか……?

それは、ゆったりとした道を歩むことです。

あるいは、忙しくしないことだと言ってもいいでしょう。

あるいは、がんばらないことです。

日本人は、忙しいことと同様、がんばることをいいことだと思っています。けれども、そうではありません。がんばることはよくないのです。

がんばることは、まず自説に固執することです。そうすると、他人の意見に耳を藉《か》そうとしなくなります。

しかし、自分の意見が一〇〇パーセント完全ではありません。他人の意見が零点なわけではないでしょう。日本人はすぐに「白か黒か」と考えますが、それは「百点か零点か」ということです。でも、実際は、「八十五点か八十二点か」といった差ぐらいです。

たしかに、あなたの意見も正義です。でも、相手にも相手の正義があります。アメリカの正義もあれば、イラクの正義もあります。日本の正義もあれば、北朝鮮の正義もあるのです。相手の正義は正義でないとして、自分の正義に固執し、がんばるのはよくありません。少なくとも仏教の中道の精神ではありません。

がんばってはいけないのです。

また、〝がんばる〟という言葉には、「苦しさに負けずに努力する」といった意味があります。

でもね、どうして苦しさに負けてはいけないのですか……。

五、六人の仲間で山登りをします。日曜ハイキングです。だが、一人は体調を崩《くず》しており、八合目あたりまで来て、「もう下りたい」と言います。そんなとき、みんなは彼に言うのです。

「がんばれ！　山頂はもう少しだ！」

けれども、体調を崩している者にとって、それは残酷な言葉です。どうして、「じゃあ、山登りをやめて下りよう。そして、ビアホールにでも行こうや……」と言えないのですか。その日曜日、仲間が楽しい時間を過ごすことが大事なんでしょう。だが、日本人は、

「そんなに下りたいなら、おまえ一人、下りろ」

と、彼を見棄てて山登りを続行します。それががんばりです。わたしは、がんばることはよくないと思います。

＊

赤信号でイライラするのは、がんばっているからです。

がんばって山登りすれば、疲れますよ。

疲れるのは、たんにエネルギーの消費量が多いだけではありません。黙々と山に登る人と、カメラを持って山に登る人とでは、黙々と登る人のほうが疲れが激しいのです。カメラを持っている人は、横道に行ったり、先に駆けて行って仲間の写真を撮ったり、ともかく運動量が多い。でもその割には疲れないのです。

楽しく登っているから疲れが少ないのです。

中道というのは、このような楽しい努力をいいます。そして、その中道を歩むのが、菩薩です。

したがって、菩薩の歩みとは、がんばらない歩みです。『般若心経』は、そのように教えてくれています。

5　ほとけさまの智慧

「四つのリンゴを三人で分けると、一人はいくつですか?」

小学校の算数の問題です。

正解は「$1\frac{1}{3}$」。しかしある子は、「一」と答えました。もちろん「×」です。

「三人しかいないのだから、一人一個ずつだとリンゴが一つ余るでしょう。その余った一個はどうするの……?」

お母さんがその子に質問します。するとその子は、

「わたしはね、お母さん、その一個のリンゴをほとけさまにお供《そな》えしようと思ったの……」

と答えました。

「あなたはいい子ね……」

お母さんは彼女を抱きしめてあげました。

そんな話を聞きました。

わたしはへそ曲がりなもので、「$1\frac{1}{3}$」という答えが正解だとは思えないのです。一個のリンゴの大きさに差がないのであれば、たしかに「$1\frac{1}{3}$」でいいですよ。でも、リンゴに大小があるのだから、公平に分けるのはむずかしいですね。わたしがそんな話をしたら、ある小学生が、

「先生、リンゴはジュースにしたらいいよ。そうすると公平に分けることができるよ……」

と教えてくれました。なかなかユニークな意見です。

そういえば、こんなクイズがあります。缶ジュースと、形の違ったコップが二個あります。きょうだいが仲良く半分ずつ飲むにはどうすればいいでしょうか？　同じ形のコップであれば、うまく半分ずつに分けられそうです。でもコップの形が違うのだから、目分量でしか分けられません。正確に半分にすることは不可能です。

で、クイズの答えは、兄がジュースを半分に分けます。もちろん、きっちり半分にはで

きませんが、兄は〈どちらも同じ〉と思えるように分けるのです。つまり、兄にとっては〈自分はどちらでもいい〉と思っているわけです。そして、弟に選択させます。弟は、〈こっちのほうが多そうだ〉と思えるほうを選びます。

だから、双方が満足しています。これがクイズの正解です。

けれども、本当にそうでしょうか……？

たぶん兄は、弟がどちらか選んだとたん、

〈しまった！　あちらのほうが少し多かった。あちらのほうをもっと減らしておけばよかった！〉

と思うに違いありません。そして弟のほうも、兄が飲んでいる姿を見ながら、

〈しまった！　あちらのほうがよかったんだ。ぼくはいつもお兄ちゃんに騙されるんだ――〉

と思うでしょう。双方がともに不満なんです。

では、どうすればよいのでしょうか？

じつは『般若心経』は、われわれが持っている、

――知恵――

でもってしては、このような問題の解決は不可能であると言っています。なぜなら、知恵というものは、本質的に欲望にもとづいているからです。双方がともに他人よりも少しでも多く欲しい……という知恵を発揮するのですから、絶対に解決不可能なんです。かりに精密な秤《はかり》を持って来て、何ミリリットルの位《くらい》まで正確に分けても、たとえば兄のほうはぼくの体重のほうが重いんだから、ぼくのほうが多く飲む権利があると思うでしょうし、弟のほうは兄のけちぶりを恨《うら》めしく思うでしょう。また、その場はそれで納得できたにしても、「平等」に分けねばならないという慣習がつくられますと、たとえば遺産相続のときにきょうだいがいがみ合うようになります。

ともあれ、われわれの知恵は損得の知恵です。損した、得したといったエゴイズムにもとづく知恵です。そんな知恵を磨けば磨くほど、問題はますますこじれてしまいます。

そこで『般若心経』は、

——般若——

を教えます。と言えば、〈おやっ？〉と思われる読者もおいでになりそうです。〝般若《はんにゃ》湯《とう》〟とは僧侶《そうりょ》の隠語で「酒」を意味します。そして最近は、ビールのことを〝泡《あわ》般若〟、ウィスキーは〝洋般若〟、ワインは〝仏《ふつ》般若〟と呼ぶそうです。〈なんだお酒を飲むことか……〉と早合点《はやがてん》しないでください。いえ、これは冗談です。

〝般若〟というのは「智慧」の意味です。サンスクリット語の〝プラジュニャー〟、その俗語形の〝パンニャー〟を音訳した言葉です。ただし、「知恵」と「智慧」とは違います。

知恵は……損得の知恵。欲望にもとづいた人間の知恵です。

智慧（般若）は……ほとけさまの智慧であり、損得を超越したこだわりのない智慧です。

般若は、「平等」にこだわりません。あるいは、クイズ的な「正解」にこだわりません。

四つのリンゴがあって三人しかいないとき、なにも三人で四つとも食べる必要はありません。残った一つを仏壇に供えてもいいし、隣りのおじいちゃんに食べてもらってもいいのです。それがほとけさまの智慧です。

兄と弟でジュースを飲むとき、「平等」にせねばならないとこだわるから、なかなか解決が見つからないのです。

だから、般若（ほとけさまの智慧）によるなら、兄が弟に、

「おまえの好きなだけ飲みなさい。でも、お兄ちゃんに、少しだけ残しておいてね」

と言うのです。弟は、「ありがとう」と言って、ジュースを半分よりいくらか少なめに飲みます。そして、兄に渡すのです。

兄は、また少し残して弟に譲ります。

「ありがとう。あとは全部、おまえが飲みなさい」

このようにすれば、二人は仲良くできるのです。

でも、勘違いしないでください。俗に、

「損して得取れ」

と言います。一時的には損になっても、その損によって将来大きな利益が得られるのであれば、損をするほうを選べといった忠告です。だが、それは、やっぱり損得の知恵で考えているのです。『般若心経』が教える般若（ほとけさまの智慧）は、損得にこだわらない智慧です。損得を超越し、損得を忘れてしまうのです。

損得にこだわってジュースを飲んでも、あまりおいしくありません。早い話が、兄が腕力でもって弟をやっつけ、泣いている弟を横目で見ながら自分だけでジュースを飲んでも、おいしくないでしょう。仲良く一緒に飲んだほうがおいしいのです。『般若心経』は、そうしたおいしいジュースの飲み方を教えていると思ってください。

Ⅱ

6　雨もよし、晴れもよし

わたしは、仏教のものの見方を正しく理解するために、

――BA型の論理――

というものを提唱しています。Bというのは英語のBeforeであって「前」です。AはAfterであって「後」。「前」と「後」では論理が違うよ。だから、

――前後を混同するな！――

というのが、わたしの主張なんです。

たとえば自殺です。自殺する前（B）は、絶対に自殺してはいけません。

じつは、日本の自殺率は世界一なんです。二〇〇二年八月、横浜で開かれた第十二回世界精神医学会（ＷＰＡ）において、このことが問題になりました。人口十万人当たり二十五人を超えています（一九九八年度）。そして、その自殺者の七割以上が男性で、全体の四割以上を四十代と五十代が占めています。

自殺に関しては、欧米、とくにオランダが積極的に尊厳死を認めています。キリスト教は本来は自殺を罪悪にしていたのですが、キリスト教が衰退してしまったのでしょうか。しかし、仏教においては、自殺は悪です。自殺をしてはならないのです。

だが、それは自殺をする前の話です。

自殺をしたあと（Ａ）は、自殺した本人には聞こえませんが、その家族の人に向かっては、

「自殺してよかったのだよ。あの人は、きっとつらかったんだよ。ほとけさまが、早くお浄土に帰っておいで……と迎えてくださったんだよ。よかったね」

と言ってあげるべきです。それが慈悲の言葉だと思います。

入学試験の前（Ｂ）は、合格すべきです。一生懸命に勉強して、ぜひとも合格するように努力せねばなりません。「落ちてもいいよ」と言ってはいけないのです。

だが、結果的には不合格であったら、
「落ちたっていいんだよ。くよくよするな！」
と言ってあげるべきです。

大学に合格して、それで幸せになれるとはかぎりません。同級生に相性の悪い者がいて、その人にいじめられて自殺する者もいます。一年浪人をしていれば、すばらしい恋人に出会った可能性もあります。

病気はよくない、健康のほうがいい、というのは世間の常識です。でも、健康なるが故《ゆえ》に浮気をして、家族を崩壊させる人もいます。病気の人は浮気ができないから、その点では幸福です。

だから、病気になれば、病気でいいのです。病気になったあと（A）では、病気にならないほうがよかったのに……と言ってみても、どうにもならないのです。それなら、病気でよかった——と考えたほうがいいのです。

そして、ここのところが誤解されやすいのですが、犯罪をやって刑務所にいる人にとっては、刑務所に入ってよかったのです。

もちろん、刑務所に入る前（B）は、刑務所に入るな！　と言うべきです。犯罪者になってはいけないのです。

でも、その人はすでに刑務所にいるのですよ。明らかにAです。刑務所に入ったあと（A）では、刑務所に入ってよかったね……と言ってあげるべきです。

実際に、刑務所に入っている囚人が、面会に来た母親に、

「お母さん、申し訳ありません」

と謝りました。ところが、そのお母さんが彼にこう言ったそうです。

「いいえ、お母さんは、あなたが刑務所に入ってくれたおかげで、テレビや映画でしか見ることのできなかった刑務所の中を見ることができました」

その言葉で、囚人は立ち直ることができたのです。

それが慈悲の言葉です。

＊

けれども、わたしの言葉はまだまだ誤解されそうです。自殺する前（B）と自殺したあと（A）では論理が違う。刑務所に入る前（B）と入ったあと（A）では考え方が違う。それだけの説明では、わかったようでわかりにくいところがあるようです。

そこで、わたしは、「人間の物差し」と「ほとけさまの物差し」とを区別しようと思い

ました。

すなわち、人間の物差しは、いい・悪いを測る物差しです。

ほとけさまの物差しは、いっさいを区別せず、すべてを「ありがたいこと」と受け取る物差しです。

Bにおいて使われるのは、人間の物差しです。大学入試に合格するのはいいことだし、落ちるのは悪いことです。病気になるのは悪いことで、健康はいいことです。犯罪者になって刑務所に入るのは悪いことです。そしてBの論理は、いいことをしなさい、悪いことをしてはいけません――というものです。

しかし、あと（A）になって使われるのはほとけさまの物差しです。

ほとけさまの物差しだと、すべてがありがたいのです。

病気になれば、病気がありがたいこと。健康であれば、健康でありがとうです。

刑務所に入らないでおられる人は、入らずにすんでありがたいなあ……と、ほとけさまに感謝します。刑務所に入れば、それもありがたいと思うのです。

なんで刑務所に入るのがありがたいことなんだ!!　そう問われても、わたしには答えられません。それが悪いことだというのはよくわかります。しかし、刑務所に入っている人には、悪いことだといってもどうしようもないのです。だから、ありがたいことだと受け取らせていただけばいいのです。

＊

『般若心経』は、

色即是空《しきそくぜくう》。空即是色《くうそくぜしき》。

と言っています。〝色〟というのは、「存在」だと思ってください。宇宙に存在する物はすべて空だというのです。

それは、とりも直さず、物には物差しはついとらんぞ――ということです。「いい・悪い」といった物差しは、人間が勝手に持っているんです。健康はいい、病気は悪いと、その物差しで測っています。でも、健康だから登山をやって、冬山で遭難することもあります。わたしたちの物差しはあやふやなんです。

そこで、《色即是空》というのは、そんなあやふやな物差しで測るな！　ということです。

逆に《空即是色》というのは、すべての物事はほとけさまの物差しで測れば、ありがたいことなんだよ——という意味です。

金が儲かるのもありがたい。でも、貧乏することもありがたいのです。

私は貧乏を愛する。貧乏は神が人間にお与えくださった賜物《たまもの》であり、本物の宝物だからだ。しかも、じつに安あがりときている。

ユダヤ教のラビの言葉だそうです（ケニア生れのプロテスタントの牧師のシャフィック・ケシャヴジー著『世界の宗教——どの教えが優れているのか？』徳間書店より引用）。

わたしの好きな四文字熟語に、

——雨奇晴好——

があります。旅をしていて雨にあえば、「晴れていれば遠くに××が見えるのに、残念ながらきょうは雨だから見えません」と、案内の人から言われます。しかし、雨の日の景色はまたすばらしいのです。雨もよし、晴れもよしです。〝奇〟というのは、普通とは違ったすばらしさを言う言葉です。わたしたちは、雨もありがたい、晴れもありがたいと言うべきでしょう。

それが《空即是色》です。

7　自由にものを見るということ

普段は算数のテストで三十点ぐらいしかとれない子どもが、その日の成績は七十点でした。普段の倍以上の点数をとったわけです。

それで、お母さんは大喜び。「きょうは、あなたの好きなカレーライスを作ってあげましょう」と、台所で夕食の準備をはじめました。

だが、途中でお母さんは気になります。

「それはそうと、きょうのテストの平均点は何点だったの……?」と、お子さんに尋ねました。

「お母さん、きょうはみんなの成績がよかったのよ。平均点は八十四点だったの……」

その答えを聞いたとたん、お母さんはがっかりです。

〈もう、カレーライスを作るの、やめた――〉

になってしまいます。

子どもの七十点の点数はちっとも変わっていないのに、平均点によってそれが「いい点数」になったり、「悪い点数」になったりするのです。

あるいは、子どもが百点をとったとしましょう。百点であれば、文句なしに「いい点数」です。だが、お母さんが、

「きょうの試験で百点をとった子は、あなたのほかに何人いたの……?」

と問い、お子さんから、

「きょうは百点の子が十四人いたそうよ。だから、わたしのほかに百点の子は十三人いたのよ」

といった返事が返ってくると、とたんにその百点の価値が下がってしまいます。

前にも触れましたが、『般若心経』は、

《色即是空《しきそくぜくう》。空即是色《くうそくぜしき》》

《不増不減《ふぞうふげん》》

と教えています。まさにいまの話が、ここのところにぴったりです。

〝色〟というのは、『般若心経』のこの部分においては「肉体」の意味になります。そして、そのあとで、

《受想行識《じゅそうぎょうしき》。亦復如是《やくぶにょぜ》》

とある、その〝受想行識〟がもろもろの精神作用ですから、〝色〟と〝受想行識〟で「肉体と精神」になるわけです。『般若心経』は、われわれの肉体も精神も、すべてが「空」だと言っているわけです。

しかし、〝色〟には別に「もの」「存在」といった意味がありますから、ここの《色即是空。空即是色》を、

――存在は「空」であり、「空」が存在である――

と訳すこともできます。まあ、つまり、

――ものはすべて「空」である――

というのが、『般若心経』の言いたいことだと思ってください。それがわかれば、『般若心経』がわかったことになります。

さて、問題は、

――「空」――

なんです。いったい「空」とは何か？　これがなかなかむずかしいのです。

そこで、わたしは、思い切ってこの「空」を、

――ものに物差しがついているわけではない――

という意味に受け取ることにします。

いいですか、たとえばここに一千万円の札束があるとします。われわれ庶民にとっては、これは「大金」ですね。しかし、政治家の連中にとっては、一千万円は「端金《はしたがね》」になるかもしれない。すなわち、一千万円の札束（もの）そのものには物差しがついていないのです。物差しは、それを見る人間が持っています。各自が持っている物差しでもって、ある人はそれを「大金」にし、別の人はそれを「端金」にするのです。つまり、ものは「空」であって、「空」なるものをある人は「大金」にし、ある人は「端金」にするのです。

「幽霊の正体見たり枯れ尾花」といった言葉があります。ものは「空」です。その「空」なるものが、びくびくした心で見れば幽霊になります。しかし、強い心で見れば、それ（「空」）が枯れ尾花になるのです。もっとも、〝枯れ尾花〟なんて洒落た言葉を知らない人

には、それ（「空」）は枯れた雑草になるのです。

夫が蒸発し、自宅には泥棒が入り、更年期障害で悩んでいる女性がいました。そんな災難に遭うのは、あなたに強い邪霊がついているからだ。いい教祖さまを紹介してあげるから、その人に頼んで除霊してもらいなさい――。近所の人からすすめられて、除霊の費用は十万円だということで、彼女は紹介された教祖さまに除霊してもらいました。だが、教祖さまは、彼女に七十万円を請求します。「だって、十万円の約束でしょう」と言う彼女に、その教祖さまは、

「いや、あなたには七つもの邪霊がついていた。一体十万円だから、七つで七十万円になる」

とのたまいました。そんな話を耳にしました。

「そんな邪霊なんて、あるわけがない――」

そう言われる仏教学者もおられます。でも、それはまちがっています。『般若心経』が教える「空」は、邪霊の見える人には邪霊が見えるのです。見えない人には見えません。したがって、見える人には邪霊が存在し、見えない人には存在しない。つまり、邪霊が「ある」というのもまちがいだし、「ない」というのもまちがいです。それが「空」なんで

す。

そして、わたしに言えることとは、わたし自身は邪霊であれ守護霊であれ、そんなものとは関係なしに生きることができます。だからわたしには霊の力は必要ありません。それはちょうどモルヒネだとか麻薬に依存して生きている人に対して、わたしには麻薬は不要です——というのと同じです。あるいはたばこに依存している人に対して、わたしはたばこに頼らずに生きられますと言うようなものです。

ともあれ、ものは「空」だということ、これは大事な教えです。「空」だからこそ、わたしたちは、

——自由——

にものを見ることができます。〝自由〟というのは、「自分に由《よ》る」ということ。わが子の算数のテストの点数を、平均点と比較して一喜一憂するのは、自由ではなしに世間由(世間に由る)です。平均点というのは世間のものです。それに縛られている親は、世間の奴隷になっています。自由な親は、たとえわが子の点数が三十点であっても、それをしっかりと喜べるのです。だって三十点は、二十五点よりいい点数ですよ。子どもは子どもなりに努力して三十点もとったのだから、それを肯定してやるのが親の愛情でしょう。

ということは、『般若心経』が教えてくれているのは、わたしたちが自由にものを見られるようになることです。世間の奴隷になるな！　ということです。わたしたちは世間に縛られて、夫の給料はその年齢の平均値より低いとか、妻は世間の標準より冷たいとか、子どもの学校の成績が平均以下だとか、そんなふうに思って悩んでいます。それを少しずつ自由に見られるように努力するのが、『般若心経』を日常生活の中で実践することです。きょうから、その実践をはじめてみようではありませんか。

＊

〝空〟の原語はサンスクリット語の〝シューニャ〟で、これは数学でいう「ゼロ」に相当します。だが、「空」は決して「無」ではありません。本文で述べたように、

――もの（存在）には物差しがついていない。物差しは各自が持っており、各自は自分の物差しでものを見ている――

といった意味だと理解するのが、いちばんわかりやすいと思います。

8　働き者と怠け者

百人のセールスマンが一か月で百個の商品を売るとします。そのとき、優秀な二十人が八十個を売っていて、残りの八十人で二十個を売っている計算になるそうです。つまり、優秀な二〇パーセントの人間が全体の売り上げの八〇パーセントを売り、残った八〇パーセントの人間が残りの二〇パーセントを売るわけです。

そして、それじゃあ優秀な人間ばかりにすればどうなるかといえば、やはり同じ結果になるそうです。つまり、あちこちから優秀な人間ばかりを集めてきても、その中の二〇パーセントの人間が全体の八〇パーセントを売り、残りの八〇パーセントの人間で二〇パーセントを売ることになります。

そのかわり、逆に優秀でない者ばかり集めても、その中から二〇パーセントの優秀な者が出てきます。

要するに、二割が優秀で残りの八割は優秀でないわけで、この比率はいつも一定しているのです。

そんなことをイタリアの経済学者のパレート（一八四八—一九二三）が見つけ、これを、

——パレートの法則——

として発表しています。これはもちろん経験則です。

それと同じことを昆虫学者が言っていました。

われわれは、蟻《あり》は働き者だと思っています。しかし、昆虫学者によると、蟻の集団のうちまじめに働いているのは全体の二割で、残りの八割はちょこまかと動いてはいても、何もしていないそうです。つまり怠け者なんです。

そして、勤勉な蟻ばかりを集めて集団をつくっても、そのうちの八割は怠け者になります。逆に怠け者ばかり集めても、そのうちの二割は働き者に変ります。

だから、どの集団も、働き者が二割で怠け者が八割といった構成比になるそうです。

これが、釈迦が教える、

——縁起《えんぎ》——

なんです。〝縁起〟というのは、文字通りに他に縁《よ》りて起こるといった考え方で、絶対的な存在といったものを認めない思想です。

たとえば、一メートルの棒は五十センチの棒に対しては長いのですが、二メートルの棒に対しては短い棒です。したがって、短いものに縁っても長いものがあり、長いものに縁っても短いものがあります。絶対的に長いもの、絶対的に短いものなんてありません。

蟻に関していえば、勤勉な蟻がいるから怠け者があり、怠け者がいるから働き者がいるのです。全部が全部を勤勉家にすることはできないし、すべての蟻を怠け者にすることもできません。勤勉家—怠け者というのは、縁起的存在です。

わたしたちは、親が子を生んだと思っています。しかし、子が生まれて、はじめて親になるのです。したがって、親—子というものは縁起的存在です。

その意味では、七歳の子どもの親は七歳であるといったほうがよいかもしれません。

あるお母さんが、寺の和尚さんに愚痴りました。

「うちの子は、ちっともわたしの言うことを聞かないんです。わたしは子育てに自信がなくなりました」

　すると、和尚さんが尋ねます。

「お子さんはいくつじゃ？」

「十歳です」

「で、あんたは何歳？」

「三十六歳です」

　お母さんは、ちょっといやな顔をして、自分の年齢を言いました。

「いいや違う。あんたは十歳じゃ。あんたとあんたの息子さんは同い年なんじゃ。息子さんが生まれて、あんたはその息子さんの母親になったんだろう。だとすると、同い年になるではないか」

「はい、そうです」

「そうだとすれば、息子さんは十歳だからいろいろ迷うのはあたりまえ、あんたも十歳だからいろいろ迷うのはあたりまえ。二人で迷いながら、それでも一生懸命に生きとるんじゃないか。お互いに助け合って生きていけばいいんじゃ」

　その和尚の言葉に、母親は救われたといいます。

それが「縁起」の思想です。

炯眼《けいがん》の読者はお気づきのように、この縁起の思想は「空」の思想と同じです。「空」というのは、あらゆるものに物差しがついているわけではない。物差しは、ものではなしにそれを見るわれわれが持っている——という考え方です。これはつまり、存在論的に言っているのですね。

ところで、それを認識論的に言えばどうなりますか？

われわれは、勤勉な者にくらべて怠け者と見ます。また逆に、怠け者にくらべて勤勉家と見ます。そういうふうに認識するわけです。つまり、縁起的に認識しているのです。

したがって、「空」と「縁起」は、同じことになります。

わたしたちは、ある人を勤勉家だと思い、別の人を怠け者だと見ます。それは勤勉家、怠け者といった固定的・実体的な存在があると思っているのですね。そういう見方はよくないのです。むしろ、たまたま縁によって、怠け者になり勤勉家になっているのです。そう見るべきです。

それが『般若心経』の教えるものの見方なんですよ。

9　物差しを捨てよう

ものに物差しがついているわけではありません――。みんながそれぞれ自分勝手な物差しを持っていて、それでものを測っているのです――。

というのが「空」の思想であり、『般若心経』がわれわれに教えてくれているところです。

では、われわれはどうすればよいのでしょうか……？　ここからどのような実践論が抽《ひ》き出せるでしょうか？

それは簡単ですね。

——物差しを捨てろ！——

となります。つまり、「空」とは、物差しを捨てることなんです。

ユダヤ教のラビ（聖職者）が弟子たちに質問しました。

「二人の男が煙突を降りて来た。一人は煤《すす》で汚れており、もう一人は汚れていなかった。そこで一人は体を洗いに行った。どちらが洗いに行ったか？」

指名された弟子が、「当然、汚れているほうの男です」と答えます。

するとラビは言いました。

「いいや、違う。汚れている男は、汚れていない男を見て、自分も汚れていないと判断したはずだ。汚れていない男は汚れている男を見て、自分も汚れていると判断しただろう。で、おまえはどう思う？」

ラビに指名された別の弟子は、「はい、汚れていない男のほうが洗いに行きました」と答えました。

「いいや、違う。汚れていない男は、自分の手を見て、自分は汚れていないとわかったはずだ。汚れている男は自分の手を見て、自分が汚れているとわかったはずじゃ。それじゃあ、おまえはどう思う？」

指名された三人目の弟子が答えました。

「二人がともに洗いに行きました」

「いいや、違う。いいか、二人の男が煙突から降りて来て、一人が汚れており、一人は汚れていない——なんてことがあるはずがない。これは問題がまちがっているのじゃ。まちがった問題には正解が出せるわけがないのだ。おまえたちは、まず、問題がまちがっていないかどうかを考えなさい。それが大事なことなんじゃ」

たしかにその通りです。われわれはまちがった問題を考えることが多いですね。

一休禅師（一三九四—一四八一）だったと思います。この手の話はいろんな人物に託されて語られています。まあ、ともかく一休さんにしておきますが、誰かが子どもの一休さんに、

「坊やは、お父さんとお母さんのどちらが好き？」

と尋ねました。すると小坊主の一休さんは、持っていた煎餅《せんべい》を二つに割って、

「おじさん、どちらの煎餅のほうがおいしいと思う？」

と問い直しました。

仏教では、わたしたちの認識判断の作用を、

――分別《ふんべつ》――

といいます。分別とは、対象を区別し分析することです。まあ、一枚の煎餅を二つに割って、「どちらのほうが……?」と考えるようなものです。

しかし、これは、問題がまちがっているのです。一枚の煎餅を二つに割った、そのところにまちがいがあります。したがって、そのまちがいの上でいくら物差しを正確にしても、答えがでるはずがないのです。したがって、わたしたちの「分別」は、本質的に、

――妄分別《もうふんべつ》――

になります。正しくものを見たことにはなりません。

そして、このような分別(=妄分別)によって得られる智恵は、

――分別智――

であり、この分別智は事物に対する一面的な智恵なんです。だからわたしたちは、ある人は左のほうがうまいと判断し、別の人は右のほうがおいしいと判断するでしょう。だが、どちらかの判断が正しいわけではありません。また、どちらかの判断がまちがっているわけでもありません。そもそも「分別」することに問題があるのです。

つまり、分別智というのは、われわれ凡夫の智恵なんです。

それに対して、ほとけさまの智慧（それが般若です）は、

——無分別智——

です。事物を分別しないで見ておられるのです。日常語で〝無分別〟といえば、「思慮が足りない」といった意味になりますが、仏教語では〝無分別〟がほとけさまの智慧なんです。いい意味なんです。

わたしたちは物差しを持っていると、その物差しでもって事物を測ってしまいます。二つの煎餅をミリグラムまで量って、どちらが大きいのかを決めようとするのです。煙突から降りて来たのであれば、どちらもが煤で汚れているはずなのに、どちらのほうがより汚れているか……と物差しを使って決めたくなるのです。

それが、ある意味では人間の性《さが》かもしれません。

それで、『般若心経』の教えは、そんな物差しを捨ててしまえ！　となります。

けれども、物差しを持っているのが人間の性であれば、物差しは捨てられませんね。

では、どうしますか？

わたしは、それならほとけさまの智慧——無分別智——でもってものを見るようにすればいいと思います。

具体的には、頭のいい子と悪い子と、どちらがいい子ですか？　と問われたら、ちょっとほとけさまならどう答えられるだろうか……と考えてみるのです。ほとけさまであれば、

「馬鹿な質問をしなさんな。どちらの子もわたしの子なんだよ。どちらもすばらしい。あなたの質問がまちがっているよ」

と答えられるでしょう。

それに気づいたら、わたしたちもこう言うことができます。

「あなたの質問そのものがまちがっています。〝どちらがいいか？〟と訊《き》いてはいけないのです。だから、わたしは、その質問には答えません」

それが、物差しを捨てたことなんです。

10　いまこの瞬間、いい人で

『般若心経』は大乗《だいじょう》仏教のお経です。

そして大乗仏教は、小乗仏教を否定することによって興起した仏教です。

じつは、この〝小乗仏教〟という呼び名は差別語であって、使ってはいけないと主張する人がいます。おかしな主張です。なぜなら、〝大〟と〝小〟とでは、「大」は優れている、「小」は劣っていると考えるから、〝小乗〟といった呼称が蔑称になってしまうんです。

けれども、『般若心経』が言っているのは、「大」は「小」に対して大であり、「小」は

「大」に対して小である。それは縁起の関係だということです。この点に関しては第8講を参照してください。だから、別段「大乗」が優れていて、「小乗」が劣っているわけではありません。

しかし、日本の仏教は大乗仏教です。そして『般若心経』は大乗仏教の経典です。ですから、われわれの立脚点は大乗にあります。その大乗の立場に立てば、小乗仏教はまちがった仏教なんです。劣った仏教ではなくまちがった仏教です。その点だけはしっかりと認識しておいてください。

そうですね、この点に関しては、ユダヤ教とキリスト教が同じ関係になります。ちょうどユダヤ教が小乗仏教で、キリスト教が大乗仏教です。キリスト教のイエスは、ユダヤ教を否定して新しい宗教運動をやったのです。だから、キリスト教の立場に立てばユダヤ教はまちがった宗教になるのです。そしてユダヤ教の立場に立てば、キリスト教はまちがった宗教になります。それが証拠に、ユダヤ教徒はイエスを犯罪者として死刑にしたのです。

それ故、同じく小乗仏教の立場に立てば、大乗仏教はまちがった宗教になります。現に小乗仏教のほうからは、大乗仏教は堕落《だらく》した宗教だと非難を浴びせてきています。

わたしたちはなにも小乗仏教に遠慮する必要はありません。大乗仏教の立場に立てば、小乗仏教はまちがった仏教なんです。宗教学者は自分の信仰を持っていませんから（持ってはいても、学問研究の際には信仰を捨てるべきだと考えるから）、〝小乗〟は差別語だなんて言うのです。そんなことを言っていると、わたしたちは信仰を失ってしまいます。われわれはしっかりと、小乗仏教はまちがっており、大乗仏教が正しいのだと信じましょう。その信仰の上に立って、『般若心経』を読みたいと思います。

＊

では、小乗仏教のどこがまちがっているのでしょうか……？

『般若心経』は、二度にわたって、

《舎利子《しゃりし》。……》《舎利子。……》

と、弟子に呼びかけています。この舎利子は釈迦の十大弟子の一人で、「智慧第一」と呼ばれる、智慧に関しては釈迦の弟子中のナンバー・ワンです。なお、『般若心経』では、〝舎利子〟と呼ばれていますが、『法華経《ほけきょう》』などでは、〝舎利弗《しゃりほつ》〟と呼ばれています。サンスクリット語では〝シャーリプトラ〟です。

しかし、じつは、舎利子はここで叱られているのです。『般若心経』は短い経典ですから、そこのところが明確に書かれていませんが、他の大乗経典（たとえば『維摩経《ゆいまきょう》』）などからすると、舎利子は小乗仏教の代表者であって、大乗仏教が教える「空」がわからず、したがって「般若」がわかっていない人間として扱われています。だから、小乗仏教の立場からすれば、舎利子は「智慧第一」で、釈迦の弟子の中で白眉《はくび》的存在ですが、大乗仏教の「空」「般若」の立場からすれば、劣等生です。

そこで、小乗仏教のまちがいですが、小乗仏教ではすべて物事を実体視します。『般若心経』が教える「空」は、物事を、

――実体視するな！――

ということです。そこのところに根本的なまちがいがあります。

たとえば、現代日本人は豊かになりたいと願っています。けれども、「豊かさ」なんてものに実体はありません。何とどうくらべるかによって、豊かにもなり貧しくもなります。物差しは自分が持っています。しかもその物差しはゴム紐の物差しですから、いくらでも伸び縮みするのです。

そうすると、もう十分に豊かになっているのに、ゴム紐の物差しの目盛りが伸びて、「まだまだ」「もっと、もっと」となってしまいます。そこで現代日本人は、「豊かさ」という幻影を追って、あくせく暮らしています。

考えてみれば、わたしたちは昔の王侯貴族も羨《うらや》む贅沢な生活をしているのです。平安時代の紫式部なんて、隙間《すきま》風の吹く部屋で寒い思いをしながら生活していたのです。だからあんな重い十二単《ひとえ》を着なければならなかった。エアコンのきいた快適な生活をしているわれわれが、どうして景気が悪いなどと文句を言うのですか!? 日本人は狂っていますよ。

われわれは子どもを「いい子」に育てようとします。また、おとなだって、「良き父親」「良き母親」でなければならないと思っています。そのとき、われわれは「良き人間」というものを実体視しているのです。

わたしたちが病気になる。そうすると、われわれはその「病気」を治さねばならないと思います。そのとき、わたしたちは「病気」を実体視しているのです。

「いい人間」なんていませんよ。すべては「空」なんです。「空」ということは、縁起的存在です。会社に対していい人間であれば、家族に対して悪い人間になるのです。現在はいい人間であっても、将来は悪い人間になるかもしれません。反対に、現在は悪い人間であっても、将来はいい人になる可能性もあります。それが「空」です。固定的・実体的な存在はどこにもありません。

だとすると、いい人間になろうとしないで、いまのこの瞬間、いま対している相手に対してだけ、いい人間としてあればいいのです。そして次の瞬間には、別の人に対していい人間として行動すればいい。

そこのところを小乗仏教はまちがったのですね。いつでも、どんな相手に対してもいい人間であろうとする。そんなことはできないのに、そういうふうに物事を固定的・実体的に考えてしまった。『般若心経』は、そのような考え方をしている小乗仏教を、舎利子を代表者として叱っているのです。ということは、われわれ現代日本人が叱られているのです。そう思って『般若心経』を読んでください。

III

11　ほとけさまからの預りもの

すでに述べましたように、「空」というのは、

――ものには物差しがついていない――

という意味です。物差しは、それぞれの人間が自分勝手に持っています。だから、一千万円を「大金」と思う人もいれば、「端金《はしたがね》」と思う人もいるわけです。

わたしたちは、物事を各自が持っている「人間の物差し」で測って、いろいろと悩んでいるのです。

そして『般若心経』が教えているのは、それ故、われわれに「ほとけさまの物差し」で

もって物事を見てごらん――ということです。

では、その「ほとけさまの物差し」とは、どういうものでしょうか？　具体的な例で考えてみましょう。

ある仏教学者の居宅が、隣家からの貰《もら》い火で全焼してしまいました。おびただしい蔵書も、研究論文やノートのすべてが灰燼《かいじん》に帰しました。

彼は隣家の人を怨みました。隣りからの類焼だから、隣りの人間に自分の大事な物を、

――焼かれた――

わけです。だから、なんとかして復讐してやろう……と、そればかりを考えていました。だが、彼はすぐに気がつきます。自分は仏教学者ではないか。怨みに報いるに怨みをもってしてはならない――といった釈迦の教えがある。復讐を考えているなんて、とんでもない話だ。そう思った仏教学者は、そこで、蔵書も研究論文も、すべて自分が、

――焼いた――

のだと考えるようにしよう……と決意しました。彼は浄土真宗系の学者であったので、来る日も来る日もお念仏を称えながら、〈あれは自分で焼いたのだ〉と思おうとしたのです。

でも、それは事実ではありません。だから、どんなに努力してもそう思えるようにはなりませんでした。

そのうちに、この仏教学者はふと思いました。あれは「焼かれた」のでもない、「焼いた」のでもない、ただ、

――焼けた――

のだ、と。そうすると、彼は事実を事実のまま、淡々と受けとめることができるようになったのです。

「焼かれた」「焼いた」というのは、つまりは人間の物差しです。それに対してほとけさまの物差しは、ただ「焼けた」と見る見方です。ということは、ほとけさまの物差しは、物事をありのままに見る見方なんですね。あるいは、こだわりなく見る見方です。そうすれば、自分も傷つくことなく、他人も傷つけずにすみます。

では、泥棒に物を盗《と》られたような場合はどうでしょうか？　「盗られた」と見るのは、たしかにありのままです。しかし、それだとそこにこだわりがあります。そうではなくて、ただ「なくなった」と見るのがほとけさまの物差しであり、「空」の見方だと思います。

もう一つの例は、『観音経《かんのんぎょう》』に関することです。

『観音経』には、こう書かれています。

もし女人《にょにん》ありて、もし男を求めんと欲して、観世音菩薩を礼拝《らいはい》し供養せば、すなわち福徳・智慧の男を生まん。もし女を求めんと欲すれば、すなわち端正《たんじょう》有相《うそう》の女にして、宿《むかし》、徳本を植えしによりて衆人《しゅにん》に愛敬せらるるを生まん。

母親が、男の子が欲しいと観音さまにお願いすれば、頭がよくて徳のある男の子が生まれるよ。女の子が欲しいと観音さまにお願いすれば、器量がよくて気だてのやさしい、誰からも愛される女の子が生まれるよ。そういう意味ですね。

じつはわたしは、最初に『観音経』を読んだとき、

〈そんな馬鹿なことがあるものか!?〉

と思っていました。生まれてくる子の性別は、偶然によって決定されるもので、親の願い通りいくわけがありません。いくら観音さまでも、親の願い通りの子を授けることは不可能だと考えたのです。

けれども、わたし自身が親になるとき、『観音経』の言っていることがわかるようにな

りました。

最初の子は、わたしは〈女の子のほうがいいな……〉と思っていました。だが、子どもが生まれる直前になると、わたしの考えは変わりました。すなわち、

〈女の子でもいい、男の子でもいい。五体満足な子であればいいんだ〉

と思うようになったのです。男の子か女の子かということに関しては、授けてくださったその子が、わたしの望んでいた子なんだ――と考えることができたのです。

それが、まさに観音さまの奇蹟《きせき》だと思います。

観音さまは、男の子がほしい親には男の子を、女の子がほしい親には女の子を授けてくださいます。『観音経』にはそう書かれています。ですが、そこのところをよく考えてくださいよ。男の子がほしいと願っていて、もしも女の子が生まれてきて、〈なんだ、願い通りになっていない〉と思う親は、本当は子を授かる資格がありません。なぜならその親は、子どもを自分の所有物と考えているからです。まるでペット・ショップで犬か猫を買って来る調子で、子どもを見ています。だからその親は、子どもを自分の好きなように育てるでしょう。

子どもがかわいそうです。ペットにされてしまっているのですから。しかし、現代日本

の親たちは、ほとんどが子どもをペットのように育てています。子どもはほとけさまからお預りしているのだ、といった考え方がないからです。

子どもはほとけさまから授かり、ほとけさまから預っているのです。それがわかれば、男の子がほしいと願っていて女の子が生まれてくれば、〈ああ、ほとけさまはわたしに女の子を育ててほしい〉と願っておられるのだな……とわかってくるのです。そうすれば、女の子こそわたしの願っていた子なんだ、と気づくはずです。その気づきが、奇蹟なんです。

さて、わたしは、子どもが生まれてくる直前、〈女の子であろうが、男の子であろうが、どちらでもいいんだ。五体満足な子でありさえすればいいんだ〉と気づきました。だが、この気づきは、あくまでも人間の物差しなんです。

ほとけさまの物差しは、そこからもう一歩進まないといけないのです。

すなわち、

〈男でもいい、女でもいい。いや、ハンディキャップのある子どもでもいい。知的障害児でもいい。どんな子どもであろうと、生まれてきたその子が、ほとけさまがわたしに託された子なんだ〉

そう思わないといけないのです。

それが「空」の立場に立った認識です。こだわらないものの見方なんです。『般若心経』は、われわれにそのことを教えているのです。

12　物差しの違いを知る

「あの〝舌切り雀〟のお婆さんは、大きなつづらをお土産に貰ったが、中には化け物が入っていた。だが、あのときお婆さんが小さいつづらを選んでいたら、中に何が入っていただろうか……?」

ある日、わたしは台所にいる妻にそう質問をしました。書斎で原稿を執筆していたとき、その原稿とはまったく無関係な「舌切り雀」の話を思い出し、ふと疑問に思ったからです。

「舌切り雀」というのは、洗濯糊《のり》をなめた雀の舌を怒った老婆が切ってしまいます。心配した老爺《ろうや》が雀の宿を訪ね、歓待され、帰りのお土産に大きなつづらと小さなつづらを出されました。「どちらでもいいからお持ち帰りください」と言われて、老爺は小さいほうを選びます。すると宝が入っていました。

それを見た老婆が、「それじゃあ、わたしも……」ということで雀の宿を訪ねました。そして老婆のほうは大きなつづらを持ち帰ります。すると中には化け物が入っていたのです。そういう話でしたね。

で、わたしは、もしも老婆が小さいほうを選んでいたら、中に何が入っていたと思うか……と、妻に質問したのです。

妻は、「小さいほうにも、やはり化け物が入っていた」と答えました。

「それじゃあ、お爺《じい》さんが大きなつづらを持って帰れば、中に何が入っていた?」

「もちろん、宝物」

妻は自信あり気《げ》に答えます。

そこでわたしは言ってやりました。

「そりゃあ、おかしいよ。もしもそうであれば、あの話は、お爺さんが馬鹿だった……という話になってしまう。なぜなら、お婆さんはどちらを持って帰っても、どうせ同じお化けなんだから、お婆さんには問題はない。しかし、お爺さんは大きいほうを持って帰れば、もっといっぱい宝物が貰えたのに、お爺さんは損をした。お爺さんは馬鹿だった。となるじゃないか」

「ああ、そうね。それじゃあ答えを変えますわ」

と、妻は解答を訂正しました。すなわち、老婆が小さいほうを選べば、中に宝物。老爺が大きいほうを選べば、中に化け物。そういう答えにしたのです。

そこで、わたしは言ってやりました。

「そりゃあ、おかしいよ。それならお爺さんに化け物をやって、お婆さんに宝物をあげる可能性も出てくる。でも、雀の舌を切ったのはお婆さんだろう。そのお婆さんに宝物をやるなんて、おかしいじゃないか」

「でも、雀は知っていたんでしょう。お爺さんは小さいほうを持って帰る。お婆さんは大きいほうを持って帰る。あらかじめ人間の心が読めたから、そうしたんでしょう」

「いや、それだっておかしい。もしもそんなに人間の心が読める雀であれば、どうして洗濯糊をなめたのだ!?　洗濯糊をなめると、お婆さんに舌を切られるとわかるはずだよ」

わたしのその指摘に、妻は困ったようです。

「それじゃあ、正解は何なの……？」

じつは、最初は、わたしは「正解」なんてわからなかったのです。しかし、話しているうちにわかってきました。

「あれはね、大きなつづらにも小さなつづらにも、お爺さんのときもお婆さんのときも、みんな宝が入っていたのさ」

「でも、お婆さんが貰ったのは化け物だったでしょう?」

「そうじゃないんだ、お婆さんは宝物を貰ったんだけど、お婆さんの場合は、〈もっといいものがほしい〉と思っていたから、〈なんだこんなものか!?〉ということで、化け物になってしまったんだよ」

おわかりになりますね。わたしのこの説明で妻も納得できたようです。

すでに繰り返し説明してきたように、『般若心経』が教えている「空」は、

――ものに物差しがついているわけではない――

ということです。物差しは各自が持っています。だから、より正確に説明すれば、お爺さんが貰ったお土産もお婆さんが貰ったお土産も、すべては「空」なんです。その「空」を、お爺さんは宝物にし、お婆さんは化け物にしているのです。

子どもが算数のテストでとった六十点という点数を、「よくやったね」と褒《ほ》めるお母さ

んもいれば、「もっといい点数をとらないと駄目じゃない」と言うお母さんもいます。二人の物差しが違っているのです。

＊

雑草という草があるわけではありません。『日本大百科全書』によりますと、

《人が管理している土地に生《は》え、管理対象に悪影響を与える望まれない植物、とくに草本植物を雑草とよぶ》

とあります。

農業においては、雑草は作物が必要とする水分、養分、光などを奪い、その結果、作物の収穫が減ります。だから雑草とされるんです。公園に生えた草は美観を妨げ、ビルの空地に生えた草は病害虫を発生させたりします。それで雑草になるのです。同じ草が原野に生えると野草になります。

まあ、人間の勝手な都合で区別・差別されるわけです。

その人間だって区別・差別されています。

明るい性格の子⟷おっちょこちょい

正義感の強い人⟷嫉妬心の強い人

頭の回転の速い人⟷あまり深く考えない人
親切な人⟷他人に干渉し、支配欲の強い人
信念を持っている人⟷頑固な人
素直で従順な子⟷主体性のない子
要するに、すべては物差しの違いなんですよ。

13　死後の世界は考えない

死後の世界はありますか？　よく問われる問いです。

だいたいにおいて、現代日本人は、死後の世界なんてない——と思っています。死後の世界があるなどというのは宗教家がつくった迷信であって、科学は死後の世界の存在を否定していると信じています。

けれども、科学は、存在を証明することはできますが、非存在を証明できません。その点では、アリバイと同じです。

アリバイというのは、犯罪などの事件が起きたとき、被疑者がその事件現場にいなかったことを証明するもので、〝不在証明〟と呼ばれていますが、実際には「不在」は証明できません。その人が他の場所に（ラテン語の〝アリバイ〟は「他の所に」の意です）いたことを証明することによって、その場所における不在を証明するものです。だから、〝他在証明〟と訳したほうがよさそうです。

それと同様に、科学は「ある」ということは証明できても、「ない」ことの証明は不可能なんです。いま、ここにわたしが「ある」というあり方で死後の世界があるわけではないことは言えても、まったく違ったあり方で「ある」可能性はありますから、科学でもってしては死後の世界が「ない」とは断言できないのです。

まあ、科学の問題はそれぐらいにしましょう。しかし、多くの人が誤解しているのは、仏教は死後の世界はあると教えている——と思っていることです。これは完全な誤解です。

釈迦は、死後の世界に関しては、

——考えるな！——

と教えました。それ故、「考えるな！」というのが、死後の世界に対する仏教の基本的態度です。死後の世界が「ある」と言ってもいけないし、「ない」と言ってもいけないのです。そもそも考えるべき問題ではないのです。

釈迦は弟子から、「死後の世界はあるのですか？　ないのですか？」としばしば尋ねられたようです。けれども、そのような質問にはいっさい返答を拒《こば》んでいます。そうした釈迦の態度を、

――捨置記《しゃちき》――

といいます。この問題は、いくら考えてもわからない問題です。答えが出ないのです。だから「考えない」でいるのが正しい態度なんです。

もっとも、釈迦が「考えるな！」と教えたのは、出家者である弟子たちに対してです。在家信者に向かっては、

「この世で善業《ぜんごう》を積めば、来世は天界に生まれることができる。この世で悪業《あくごう》を積むなら、来世は地獄に堕ちる」

と説いています。

これは、死後の世界について考えるな！　と教わっても、考えないでいるためには相当に修行をする必要があります。「考えるな！」と言われても、普通の人はみんな考えてしまいます。そこで、出家者たちはちゃんと修行するだけの時間がありますから、考えない訓練ができるのです。でも、在家信者には、いろいろ家業がありますから、そうした訓練

ができません。だから、釈迦は、在家信者には「考えるな！」といった教えを説かれなかったのです。

では、在家信者にはどう教えられたのでしょうか？

インド人は、ご存じのように、

——輪廻転生《りんねてんしょう》——

を信じています。古代のインド人はそうであったし、現代のインド人もほとんどの人が輪廻を信じています。

輪廻転生というのは、上から天界・人間世界・阿修羅《あしゅら》（修羅）の世界・畜生界・餓鬼界・地獄界と六つの世界があって、その六つの世界を生まれ変わり死に変わりして生存をつづける——という思想です。いいことをすれば天界や人間界のようにいい世界に、悪いことをした者は地獄や餓鬼といった悪い世界に再生するわけです。それがインド人の共通認識になっています。

そして釈迦は、そのインド人の共通認識の上に立って、在家信者に教えられたのです。なぜなら、いいことをすれば来世は天界や人間世界に再生できると教わり、それが信じられれば、わたしたちは死後の世界があるか、ないかを考える必要がなくなります。したがって、釈迦の「考えるな！」と同じことになるわけです。

これはまた、浄土の思想にも言えることです。

浄土教においては、われわれが「南無阿弥陀仏《なむあみだぶつ》」と念仏すれば、阿弥陀仏がわたしたちをその仏国土《ぶっこくど》である極楽世界に迎えとってくださる、としています。わたしたちは死後に極楽世界に往き生まれるのです。それが〝往生〟ですが、そのことが信じられたならば、わたしたちは死後の世界があるか、ないかを考える必要はありません。

その意味において、釈迦の「考えるな！」といった教えが、ここにも当て嵌《は》まるのです。

＊

ところで、『般若心経』は「空」を説いています。死後の世界に関していえば、「空」ということは、

――死後の世界があると信じている者にはある。死後の世界はないと信じている者にはない――

となります。したがって、死後の世界なんてないんだよ、と主張すれば、大乗仏教の「空」の論理からすれば邪見《じゃけん》を主張していることになります。もちろん、死後の世界はあるんだという主張だって、邪見です。

そりゃあ、そうですね。幽霊に怯《おび》えている人に、幽霊なんていないと言うのはおかしい。その人は現に幽霊を見ているのですから。だから、幽霊の見える人には幽霊はあるのだし、見えない人にはないのです。そのように言うのが「空」なんです。

で、現代日本人の大半が、死後の世界なんてないと信じています。

これは、こういうことです。コップの中に水を入れておきます。季節にもよりますが、何日か、あるいは何十日かすればこの水は蒸発してコップは空《から》になります。これを、わたしたちは、「水がなくなった」と表現するでしょう。

けれども、実際には水はなくなっていません。H_2Oという分子は、地球上のどこかに存在しています。そして、それが雲となり、雨となって地上に戻って来て、川の流れから水道水になり、再びコップの中の水となるのです。

死後の世界がない――ということは、コップの中に水がなくなったということです。無になったのです。現代日本人はそう信じています。

それはそれでまちがいではありません。

でも、それでは、あまりにも淋《さび》しいではありませんか。

生きているあいだだけがわたしたちの存在であり、死んでしまえばいっさいがなくなってしまう――。いま、日本人はそう考えています。だから、死ぬ前にすべてをやっておかねばならないと思うのです。あちこち旅行をし、うまい物を食っておかないと損だ。死んで花実が咲くものか!?　といった考えになってしまうのです。

そして、死んでしまえばその人間に価値がなくなります。いわばゴミになるのです。そうすると、生きているあいだにも人間の価値はどんどん低下し、ゴミに近づくわけです。老化はすなわちゴミ化であり、定年退職すれば粗大ゴミにされてしまう。そんな価値観が支配的です。

反面においては、生きている意味がなくなったと自分が判断したら、簡単に自殺しようという気になります。日本の自殺率は第6講にも述べましたが、世界一です。死ぬまでが人生である（死後の世界がないのだから、そうなります）のだから、残りの人生にあまり期待できなければ、いつ・どこで人生にピリオドを打ってもいい……といった考えになるのも、ある意味では当然です。

『般若心経』がわれわれに教えてくれているのは、それとは反対に、

――この人生だけがすべてだ、といった考え方をするな！――

ということです。

『般若心経』は、

不生不滅。

と言っています。この人生だけがすべてだというのは、われわれは突然「無」から生まれてきて、そして突然「無」になってしまうという考え方です。つまり、「生・滅がある」といった考え。生・滅があるというのは、「無」から「有」が出来、「有」が「無」になるということですね。しかし、それはおかしいでしょう。「無」は「有」にならないし、「有」は「無」にならない。とすると、「有」はどこまでも「有」でありつづけるのです。そう思ったほうがよさそうです。

そして、そう思ったとき、わたしたちはこの人生をゆったりと生きられるのです。この人生は、長い長い存在の一形態にすぎません。氷が融けて水になるように、いまこの人生は氷という形態で、それがやがて水に変化するでしょうが、氷も水もH_2Oです。そういう見方で人生を見たほうがいいのです。それが『般若心経』の教えです。

14　人生には意味なんてない

東洋のある国の王が「人類の歴史」を知りたいと思い、賢者に命じて五百巻の書物を選んで宮殿に運ばせました。だが、国事に多忙な王は、五百巻の書物を読む暇がありません。それで賢者にそれを要約せよと命じました。

二十年後、賢者は王のもとに五十巻の書物を持参しました。五百巻を十分の一に要約したのです。けれども王は、年を取っていました。五十巻もの書物を読む気力は衰えています。それで賢者に、さらに要約せよと命じました。

それからさらに二十年後、白髪の老人となった賢者は一冊の書物を持って現われました。

だが、王はすでに死の床《とこ》にいます。一冊の書物を読むことなど、とうてい不可能です。

そこで賢者は、死につつある王の耳にこう伝えました。

「人は生まれ、苦しみ、そして死ぬ。王よ、これが人類の歴史でございます」

これは、イギリスの小説家のサマセット・モーム（一八七四―一九六五）の『人間の絆』に出てくるアネクドート（逸話）です。わたしは高校生のときにこの『人間の絆』を原書で読んで感激し、以来五、六度はこの本を読んでいます。そして、このアネクドートが妙に記憶に残っています。

いま、ここまで書いて、念のため書架より『人間の絆』を持ち出して来ました。賢者の言葉は次のようになっています。

人は生まれ、苦しみ、そして死ぬ。人生には意味などなく、人は生きることで何らかの目的を達成することはない。生まれようと生まれまいと大した意味はないし、生きようが死を迎えようが意味はない。生は無意味であり、死もまた然《しか》り。（行方《なめかた》昭夫訳による）

読者はこの言葉をどう思われますか？　この言葉は、まちがいなく作者のモームの人生観です。そして批判家の多くは、モームを「皮肉屋」と呼び、またモームの人生観を「ニヒル」と評しています。

なるほどこの言葉は、表面的にはニヒルです。しかし、わたしは最初に高校生のときに読んだときから、この言葉にすごく勇気づけられたのです。「人生に意味なんてない」といった言葉に勇気づけられたのだから、わたしって変わっています。自分でそう思います。

けれども、いまこうして引用してみて、もう一度考え直してみれば、じつはモームが言っているのは『般若心経』の「空」と同じなんです。そのことに気づきました。「人生に意味なんてない」というのは、「人生は〝空〟だ」ということです。「生は無意味であり、死もまた然り」は、「生は〝空〟、死も〝空〟」ということです。「空」というのは、ものに物差しがついていないということでした。人生が「空」だということは、人生そのものに物差しがついているわけではない。それをわれわれが勝手に意味づけているだけです。

その勝手な意味づけというのは、たとえば金持ちの人生は良質であって、貧乏人の人生は悪質だといった判定です。Aさんの人生よりBさんの人生のほうが価値が高いと判断するわけです。

そんな馬鹿な話があるものか!? と、モームは言っているような気がします。人生なんて、もともと無意味なんだ。だから、誰の人生も価値は同じ。ゼロはゼロですものね。だから、みんな平等の人生を生きているんです。

そう言われたほうが、わたしには勇気が出ます。

インドを旅行しながらいつも考えるのですが、たとえばカルカッタの街には大勢の路上生活者がいます。彼らは物乞《ものご》いで生きているのです。そして、ハンディキャップのある人も多数います。そのうちには、親がわが子の手や脚を切断して、わざと身障者にされた者もいるのです。身障者のほうが通行人の同情を買うことができるからです。

そういう話を聞かされて、

〈残酷だ!〉

と思います。そして、

〈この人たちはいったい何のために生まれてきたのだろう……〉

と疑問に思うのです。そして、そのあとですぐに自分の傲慢さに気づかされるのです。

なぜなら、わたしは自分の人生のほうが、路上生活者のそれよりもよほど価値があると思っていたのです。本当にそうでしょうか――!?

インド人は輪廻転生を信じています。われわれは遥《はる》かな遠い過去から、遥かな遠い未来へと転生をつづけているのです。そして、いまの人生はその無限の流転《るてん》輪廻の一齣《こま》にすぎません。すなわち、

……j・k・l・m・n・o・p……

といった長い長い系列の、いまはmという人生を生きているのです。

それは無限の中の一齣です。

だとすると、それは〈1/∞〉（無限大分の一）であって、0（ゼロ）です。

ということは、モームの言う「無意味」です。

わたしたちの人生は、無限の流転輪廻をトータルしてこそ無限大の価値があるのであって、その一齣一齣は無限大分の一だからゼロ（無価値）なんです。いまのこの人生が、日本の中流階層の一人であることと、インドの路上生活者の一人であることと、どちらでもいいのです。わずか一齣の人生の価値を云々《うんぬん》したってはじまりませんよ。

ということは、わたしたちは、ただ、

――生きているだけでいい――

のです。あなたがそこに生きている。わたしたち夫婦のあいだに子どもが生まれてきた、それだけでいいのです。そのあなたが成功して金持ちになろうが、犯罪者になろうが、生まれてきた子が幼くして死んでしまおうが、そんなことはどうだっていい。どうせ、人は生まれ、苦しみ、死ぬだけのことです。人生は無意味なんです。

そう思うと、わたしは楽になれました。なんだか肩の荷がとれたような気がしました。

モームと『般若心経』――。おもしろい取り合わせですが、わたしはそのように二つを読みました。

15　人の美点と欠点

ある禅僧から聞いた話です。もっとも、その禅僧も、これを新聞の投書で読んだと言っておられました。

ある人が施設を訪問し、面会場で人を待っていました。そこに湯呑み場があり、自動でお茶が出て来る機械が設置されています。人を待っているあいだに、その人はそこにあった湯呑み茶碗をきれいに洗い、そしてお茶を飲みました。

彼がお茶を飲み終わったとき、そこに施設に入っている人が車椅子《いす》でお茶を飲みにやって来ます。ただし、その人は彼が面会に来た人ではありません。

その車椅子の人は、そこにあった湯呑み茶碗を手に取り、洗いもせずにお茶を入れ、そしておいしそうにお茶を飲みました。飲み終えたあと、その人は自分の飲んだ茶碗をきれいに洗ってから元に戻し、去って行きました。

それを見ていて、面会に行った人は考えました。

自分は、たぶんそこにある茶碗は汚いと思って、ていねいに洗ってからお茶を飲み、そしてそのまま茶碗を戻した――。

だが、車椅子の人は、茶碗を洗わずにお茶を飲み、そのあとそれをきれいに洗ってから元に戻した――。

いったい、どちらのやり方が正しいのだろうか……?

ちょっと考えさせられる話です。

きれい・汚いということで言えば、いまの日本人はあまりにも清潔好きです。身の回りの品物が抗菌グッズになっています。若い奥さんが、夫のパンツを割り箸でつまんで洗濯機に入れるそうです。夫の下着なんて汚くて、手で持てないのです。娘が、自分の下着と父親のそれとを一緒に洗わないでくれと注文をつけるといいます。誰が触ったかわからない、電車の吊り革が不潔だから、吊り革を使えないOLがいるそうです。

インド旅行をしたとき、病気になる日本人が多いようです。インドが不潔だから……と、たいていの日本人が思いますが、むしろ反対です。日本の社会全体が過度に清潔になっているからです。日本人のからだが無菌状態になっているので、ちょっとした菌にすぐにやられてしまうのです。

そのインドのカルカッタで、川べりの公園にいたときでした。

「いや、美しい！　じつに感動的な風景ですな……」

と、八十一歳になる老人が感嘆の声を発しました。彼はわれわれグループの最年長者です。

同行講師であったわたしには、すでに何度も来たことのある公園でした。しかもそのとき、わたしは、川の堤に棄てられていたゴミの山を眺めていました。だから、わたしはその老人の言葉を、

〈皮肉を言っているのだ〉

と受け取ったのです。

だが、日本に帰国したあと、妻が撮ったその公園の写真を見たとき、わたしはびっくりしました。妻はもちろんゴミが写らないアングルで写真を撮っています。それを見ると、

なるほど老人の言う通りに、じつに感動的な美しい景色でした。

ゴミを気にしたわたしは、美しい景色を見逃したのです。

それに、本当にゴミは汚いでしょうか。

ある社長秘書が言っていました。急須《きゅうす》の中の茶殻を流しに棄てたとたん、その茶殻がゴミになり、急に汚く感じられる。社長室で使っているお茶の葉だから、高級品です。どこにも「汚さ」なんてありません。お湯が「汚い」わけでもない。急須の中にあるあいだは、そのお茶の葉をつまんで食べることだってできるぐらいです。それが急須から外に出されてゴミにされたとたん、「汚く」なるのです。その「汚さ」がどこから来るのか……?

おもしろい疑問です。

そして、誰にもわかることですが、お茶の葉そのものは決して「汚く」なんてない。ただ、それを見るわたしの心が変わっただけです。それに「ゴミ」という名称を付けたとたんに、それが汚くなるのです。

＊

人間の美点・欠点って、何なのでしょうか……?

よく長所を伸ばし、短所を矯正《きょうせい》しなさいと言う人がいます。でも、そんなことをすれば、おかしなことになりませんか。たとえば、細かなことに気のつく人がいます。それは長所でしょうが、その人がますます長所を伸ばすと、ついに神経質になり、病気になるでしょう。それに、細かなことに気のつくことは、ある意味では短所です。たとえば、他人のあらさがしをするのは、長所とは言えませんね。

『百喩経《ひゃくゆきょう》』という経典に、こんな話が出てきます。

美人の妻がいたのですが、ただ彼女の鼻がちょっとよくない。といっても、それはまあ普通の鼻ですが、彼女があまりにも美人であったので、ちょっと鼻が難点になるのです。それで、彼女も彼女の夫も、そのことを気にしていました。

ある日、夫は街の中で、すごく形のいい鼻をした女性を見かけます。夫は刀でもってその女の鼻を切り取り、急いでそれを家に持って帰りました。

「妻よ、喜べ！　こんなにすばらしい鼻が手に入ったぞ――」

夫は妻の鼻を切り落とし、そこに美しい鼻をくっつけようとしました。

でも、くっつくわけがありません。

結局は、二人の鼻なし女が出来たのです。

欠点だとか、美点だとかというのは、まずはバランスの問題です。その人にその鼻がよくないように見えても、他の人の鼻と取り替えるわけにはいきません。国語・算数・理科・社会が百点で、音楽が五十点の子がいれば、その子にとっては音楽が欠点です。でも、国語・算数・理科・社会が二十点で、音楽が四十点の子がいれば、その子には音楽が長所です。そこで、前の人が、五十点の音楽を四十点に取り替えたほうがいいのでしょうか……。『般若心経』が教えているのは、そもそも長所・短所といった考え方をするな！　ということです。ある意味では、長所・短所なんてないのです。美点もなければ欠点もない。きれいもなければ汚いもないのです。

わたしたちは、あるがままを愛することを学ぶべきです。もしもわが子が怠け者であれば、その子を怠け者のまま愛することができたとき、本当にその子を愛することができたのです。それが仏教でいう、

――慈悲――

です。つまり、慈悲とは、美点や欠点にこだわらない愛情です。

Ⅳ

16　生活にレッテルを貼らない

ちょっとクイズを……。

三人が旅館に泊まりました。宿賃は一人一万円です。消費税込みです。で、三人は係の女性にそれぞれ一万円ずつ、合計で三万円を支払いました。

ところが、旅館の女将《おかみ》さんが五千円をサービスしてくれました。その五千円を係の女性に持たせます。彼女が五千円を宿泊客にそのまま渡せば問題はなかったのですが、彼女は考えたのです。三人で五千円のサービスだと割り切れないし、どうせ三人にはわからないのだからということで、五千円のうち二千円を猫糞《ねこばば》しました。三千円を宿泊客に返したの

です。

　で、宿泊客はそれぞれ千円ずつ受け取ります。払ったのは各自九千円です。

　すると、どうなりますか？

　三人が九千円ずつ払ったのだから、三掛ける九千円で二万七千円です。係の女性がくすねたのは二千円です。二万七千円に二千円を足すと二万九千円です。

　三人は最初に三万円支払いましたね。それじゃあ、千円少なくなります。いったい千円はどこに消えたのでしょうか……？

　これが問題です。

　おわかりになりましたか？　しばらく考えてみてください。

　これはクイズではありませんが、

――ミューラー・リエルの錯視図――

というのがあります。前ページの図がそれです。この図において、上も下も横の線分の長さは同じなのに、斜めの線によって、上のほうが短く、下のほうが長く見えるのです。わたしたちの目はごまかされてしまうのですね。

時間の感覚だって同じです。

楽しい環境の中で、好きなことをしている三十分と、騒音の中でいやなことをさせられている三十分は、同じ長さではありません。前者は短く、後者は長く感じられます。逆に、それが同じ長さに感じられる人がいます。しかし、その人は病気かもしれません。

＊

スリランカを旅したとき、現地ガイドがこんな話を教えてくれました。

仏教の高僧の所に信者が来て、愚痴を言いました。わが家は狭いし、女房がガミガミと文句ばかりを言い、子どもはちっとも勉強しません、と。

「女房や子どものことはさて置いて、ひとつ、おまえさんの家を広くする方法を教えてやろう……」

お坊さんは彼に秘策を授けました。今夜、おまえの家の中に牛を一頭と鶏を一羽入れるように、と。

翌日、男がやって来ました。

「どうだい、広くなっただろう……」

「とんでもありません。牛一頭分だけ狭くなりました。それに、鶏が夜明けに鳴いて、眠れなくなりました」

「そうか、それなら今夜は牛を二頭にし、鶏を二羽にしなさい」

その翌日、男は言います。「お坊さん、部屋はかえって狭くなりました」

「じゃあ、今夜は牛三頭に鶏三羽だ」

その翌日、やって来た男は怒っています。

「和尚さん、だんだん部屋は狭くなるばかりです」

「おやおや、おかしいな……。それじゃあ今夜は、昨夜と同じにしてごらん、牛三頭に鶏三羽だよ」

その翌日、膨《ふく》れっ面《つら》をしながら男がやって来ました。

「いっこうに部屋は広くなりません。一昨夜とまったく同じでした」

「おやおや、そうかい」と、和尚さんが言います。「それじゃあ、今夜は、牛三頭と鶏三羽を外に出すんだ。部屋の中に入れずにおくんだよ」

翌日、晴れ晴れとした顔で男がやって来ました。

「本当だ！　和尚さん、わたしの家って、こんなに広かったんですね。いままでわたしは気づきませんでした」

高僧はにこにこしながら言います。

「よくわかったね。それじゃあ、次は、女房のガミガミと、お子さんがちっとも勉強しないで困るということだが……」

「いや、いいですよ、和尚さん。もっとうるさい女房にくらべたら、うちの女房なんて無口そのものなんですよね。もっと勉強しない子にくらべたら、うちの子もよくやっているということですね」

男は、自分で答えを見つけました。

以上が、スリランカ人が教えてくれた話です。なかなかよく出来た話です。

けれども、最後のところはちょっと問題です。もっと口うるさい妻にくらべると、うちの妻は無口だというのは、論理的にはその通りですが、これは差別の問題につながる惧れがあります。

というのは、古くからあることわざに、

「上見れば欲《ほ》しい欲しいの星だらけ、下見て暮らせ星の気《け》もなし」
があります。あるとき、これが問題になったことがあります。

指摘されるとその通りです。このような教えは、やはり差別思想につながります。ところが、江戸時代のお坊さんたちはこうしたことわざでもって、庶民に野心を持つな、現状で我慢せよ、と教えてきました。たしかに差別を助長したわけです。

だから、よりひどい物や事態にくらべて、いまのままでいいではないか……と説くのは、事柄によっては差別の思想になってしまいます。

そこのところを、どう考えればよいでしょうか……？

わたしの考えはこうです。

『般若心経』が教える「空」は、すでに繰り返し言ってきたように、

——ものに物差しがついていない——

ということです。物差しは各自が勝手に持っています。その勝手な物差しでもって、広い・狭い、口うるさい・うるさくない、勉強する・しないと差別しているのです。仏教語としては、〝差別〟は〝しゃべつ〟と読みます。つまり、自分勝手に差別して、ものにレッテルを貼っています。これは広い部屋、これは狭い部屋といったレッテルです。

したがって、『般若心経』の教えは、基本的には、

——差別をするな！　レッテルを貼るな！——

です。まず、「広い部屋」「狭い部屋」といったレッテルを貼らないこと。それがいちばんいいことです。

しかし、わたしたちはどうしてもレッテルを貼ってしまいます。「わが家は狭い」と感じるのです。われわれは凡夫だから、どうしてもそうなります。

そこで、『般若心経』の教えは、次に、

——レッテルを剝《は》がせ！——

になります。貼られているレッテルを剝がすのです。スリランカのお坊さんが信者に教えたのは、このレッテルを剝がすことです。いままで狭い部屋だと思っていたものが、レッテルを剝がしてみるとあんがい広い部屋になったのです。

けれども、どうしても剝がれないレッテルがあります。その場合にはどうすればいいでしょうか？

それは、

——こだわるな！——

です。広い・狭いにこだわることをやめればいいのです。

おわかりになりましたね。「空」というのは、

――反対のレッテルを貼れ！――

ではありません。スリランカのお坊さんが、おまえの家は広いんだよ……と教えたと解釈すれば、それは「狭い家」の反対の「広い家」といったレッテルを貼ったことになります。それは「空」ではありません。だって、それだとやはり差別したことになるからです。したがって、おまえの妻は「ガミガミ」ではない、「無口」なんだよ、と教えるのは、反対のレッテルを貼ったことになります。そうではなくて、「空」の教えは、口うるさい女房という、その「口うるさい」というレッテルを剝がしてごらん、ということです。あるいはこだわりなさんな、ということです。

おまえは貧乏じゃない、より貧しい者にくらべるとおまえは恵まれている、というのは、反対のレッテルを貼ろうとしているのです。それだと差別になります。そうではなくて、貧しいということにこだわるな！　というのが「空」の思想です。そこのところをまちがえないでください。

＊

冒頭のクイズですが、係の女性は旅館側の人間です。だから、女将の二万五千円と係の女性の二千円を合計すると二万七千円になり、これが旅館側の受け取り金額です。それに対して宿泊者側は九千円掛ける三人で二万七千円を支払いました。で、支払いと受け取りがバランスしています。

二万七千円に二千円を足したのがまちがいです。支払い側と受け取り側をごっちゃにしてはいけません。

17　道は悪路のほうがいい

道は悪路のほうがいいのです。インドの仏蹟巡拝の旅をしていて、最近、つくづくそう思うようになりました。

もっとも、それは最近のことですよ。わたしはすでに二十四回もインド旅行をしましたが、最初のころはインドのあの悪路に腹を立てていました。

インドの道路はひどいものです。とくにビハール州の道路がひどい。ビハール州はインドで最も貧しい州とされています。ところが、お釈迦さまの仏蹟は、ほとんどがこのビハール州にあります。

この道路のひどさがどれくらいかといえば、われわれを乗せたバスの平均時速が約二十五キロです。それぐらいしかスピードを出せません。それでもバスの後部座席の人間は、トランポリンのように跳びはねて、バスの屋根に頭をぶつけるありさまです。

悪路の上に、インドでは渋滞もあります。あるときなどは、何か政治的な理由があって住民がピケをはって、車の通行を妨害しました。そのため、三時間ものあいだ、バスが立ち往生したことがあります。あの日、午前六時に出発して二百五十キロを移動したのですが、目的地に着いたのは夜の九時半。平均時速十六キロですよ。

昔はインドのそんな悪路に腹を立てていましたが、最近は、

〈いいなあ……〉

と思うようになりました。どうもインドに毒されてしまったようです。

なぜ悪路がいいのか……？　悪路であれば、強い奴がそんなに威張れないからです。

強い奴というのは、性能のいい車です。

立派な舗装道路であれば、性能のいい車がわが物顔に走ります。

逆に、性能の低い車はひけ目を感じます。

しかし、悪路であってごらんなさい。そして渋滞に出くわせば、時速二百キロも出せる

高級車もわが物顔には走れません。オンボロ車もコンプレックスを感じないですみます。悪路のほうがいいですね。

同様に、人生の道も、悪路だからいいのです。

もしも、人生の道が立派な舗装道路であれば、どうなりますか？　わたしたちは病気もせず、落第もせず、失業もしません。そして全員が八十歳まで生きます。早死にもしないし、ボケることもありません。そのような人生が理想的でしょうか？

どうも、そのような人生では、つまらないような気がします。

だが、そんなことは考える必要はありません。なぜなら、わたしたちの人生は、そんな舗装道路的人生になりっこないからです。

人生は悪路です。いかなる人の人生も、悪路の上を歩かねばなりません。

だから、人生はすばらしいのです。

悪路だから、いかに能力のすぐれた人間だって、それほど、スピードを出せません。無理にスピードを出すと、ガードレールにぶつかりますよ。スピードの出し過ぎで自滅したエリートが大勢います。力の強い者がそんなに威張れないのは、人生が悪路だからです。

まさに、人生は悪路だからいいのです。

病気があるから、人生はすばらしいのです。

逆境があるから、人生はおもしろいのです。

悪路だから、脚の悪い人がとぼとぼと歩いても、なにもコンプレックスを感じないですむのです。だって高級車が渋滞で動けないでいることもあるからです。

でも、悪路はやはり歩きにくいですね。どうすれば歩きやすくできるでしょうか？

じつは、その点に関して、お釈迦さまはこのように言っておられます。

あるとき、釈迦は弟子たちに問題を出されました。

「凸凹道は歩きにくい。どうすれば歩きやすくなるだろうか……？」

弟子たちはみんなで討議して、こう答えました。

「凸凹道に鹿の革を敷くとよいでしょう」

これは、現代でいうアスファルト舗装です。なるほど、鹿の革で舗装をすれば、どんな道も歩きやすくなります。

だが、釈迦は、それでよいとは言われません。

「考えてごらん。そんなことができるだろうか？　人間の歩く道を全部鹿の革で敷きつめるには、どれだけの鹿の革が必要になるか。それが不可能なことが、そなたたちにわからないのか」

お釈迦さまに叱られて、再び弟子たちは考えました。そして、答えます。

「道ではなしに、人間の足を鹿の革で覆《おお》うといいのです。そうすれば道は歩きやすくなります」

「そう、その通りだね」

釈迦はその答えを肯定されました。

人間の足を鹿の革で覆う――。それがすなわち靴なんです。すべての道を舗装するのではなしに、われわれが靴を履《は》けばいい。そうすれば道を歩くのが楽になります。

では、靴とは何でしょうか？　それは、ほかならぬ、

――仏教――

です。お釈迦さまの教えです。

人生という道は悪路です。凸凹道です。病気になったり、逆境におちいったり、悲しみに遭遇したり、ともかく歩きにくい道です。

でも、だからといって、その道を全部舗装することはできません。病気をなくし、不幸に遭遇しないように、平穏無事な人生を送れるように願って、それが可能であればそう願

ってもいいでしょう。でも、所詮、それはできない相談、あり得ないことです。ならば、わたしたちは、人生という悪路を仏教という鹿の革を足につけて歩けばいいのです。

病気になったとき、その病気を一生懸命に治そうとするのは、悪路を舗装しようとする考え方です。治そうとして治る病気であれば、そうしてもよいでしょう。でも、治そうとして治らない病気もあります。慢性病がそうです。あるいは癌《がん》もそうです。そんな舗装の考え方はよくない――。お釈迦さまはきっとそう言われるに違いありません。

病気ばかりではありません。老いや死も悪路です。そして、老死は舗装ができないものです。

だとすれば、わたしたちは、むしろ悪路を楽しみつつ歩けばいいのです。仏教の教えを正しく学べば、きっと楽しく悪路を歩けるようになります。

そうですね、その楽しい歩き方は、

――中道――

なんです。仏教の教えの要諦《ようてい》は「中道」なんですよ。

では、その中道とは何でしょうか?

まあ、簡単にいえば、ゆったりと歩くことです。決してスピードを出さないこと。そして、目標に執着しないこと。何時までにどこそこに到着せねばならないとなると、わたしたちはゆったりと歩けません。悪路を猛スピードで走って、ガードレールにぶつかってしまいます。

目的地に到着できなくてもいいじゃありませんか。むしろ目的地を持たずに、着いた所が目的地——と考えましょう。そうすれば、のんびり歩けます。渋滞にぶつかっても、のんびりと休んでいられます。

ともあれ、人生は悪路です。

でも、悪路だから、人生は楽しいんです。

『般若心経』は、人生という悪路を楽しく歩む歩み方を教えてくれている経典だと思ってください。

18　自分の中にある大事なもの

禅籍『無門関《むもんかん》』に、ちょっといい言葉がありました。

『無門関』は、中国、宋代の禅僧の無門慧開《えかい》（一一八三―一二六〇）が弟子の指導のために編纂《へんさん》した公案集です。

その序文の中で、彼はこう言っています。

門より入る者は是《こ》れ家珍《かちん》にあらず、縁より得る者は始終成壊《じょうえ》す。

〈門の外から家の中に入って来たものは家宝になるわけがない。縁によって得られたものは、始めがあれば必ず終わりがあり、変化消滅するものだ」

じつは、この「門より入る者は家珍にあらず」は、中国のことわざで、

「他からの貰い物に大したものはない」

といった意味だそうです。たしかにそれはその通りで、他人さまがくださる物は、その他人さまにとっては不要品、と言って悪ければ、それがなくてはその人が生きていけなくなるような貴重品をくださるわけではなく、それを他人に与えても、自分の生活に困らない品物をくださるのです。ですから、そんな物が家宝になるわけがありません。

この点では、日本人が外国人からよく誤解されます。プレゼントをするとき、日本人はつい、

「つまらぬ物ですが……」

とやってしまうのです。そうすると外国人はかちんときます。〈つまらぬ物であれば、それをプレゼントするなんて失礼じゃないか〉と、彼らは思うのです。

ちょっと脱線しますが、欧米人と日本人ではプレゼントに対する考え方が違います。

欧米人は、相手に必要な物をプレゼントしようとします。だから、新築の家に時計をプ

レゼントしようとすれば、相手の家の壁にふさわしい時計を選んで贈ります。そのためには相手の家に下見に行くわけです。

ところが日本人は、自分に不必要な物を贈ろうとします。「これ、不要になったから貰ってね」という言葉が使われます。もっともこれは、相手に対する思い遣りでもあるわけです。自分には不要だということで、それを受け取る相手の心理的負担を少なくしてやろうとしているのです。だから、その言葉を文字通りに受け取るのは、ちょっと気の毒です。

ついでに言っておきますと、仏教が教える、

――布施《ふせ》――

は、日本人のプレゼントでもないし欧米人のプレゼントとも違います。「布施」というのは、自分にとって必要な物を施すことです。自分に不要になった衣類を施しても、それは、慈善の行為かもしれませんが、仏教の布施ではありません。

さて、話を戻します。前にも述べたように、「門より入る者は家珍にあらず」というのは、「他からの貰いものに大したものはない」といった意味ですが、無門慧開はそんな意味で言っているのではありません。そうではなくて、わたしたちが仏教を学ぶときに、知識として外から吸収したものは本物ではないんだ、わたしたちが本来、内に持っている智

慧が大事なんだ、と言っているのです。

そして、縁によって得られたものは、やがていつかは消え去るのです。すなわち、縁によって得られたものとは、偶然手に入ったものです。そんなものをあてにするな！　そうではなしに、自分の内にある永遠不変なものを、わたしたちは大事にすべきです。そう無門は言うのです。

その点では、現代日本の教育がまさに狂っています。

いまの子どもたちは、いや、子どもたちばかりでなくおとなもそうなんですが、知識や情報ばかり詰め込んでいます。昔の都会の子どもは、虫や小鳥をあまり知らなかった。夏目漱石（一八六七―一九一六）なんて、大学生になってはじめて、米が稲からとれるものだと教わったそうです。わたしの中学生のころでも、小鳥の絵を描きなさいと言われて、四本の脚の小鳥を描いた者もいました。でも、現代っ子は、そういう失敗はしないそうです。そのかわり、本物の小鳥を見て、

「先生、この小鳥はまちがっているよ」

と言うそうです。図鑑に出てくるのが正しいもので、その図鑑と違っている現実のものは「まちがっている」わけです。つまり、知識ばかりを持っているのです。そして、子ど

もたちの内にある真の宝物――智慧――を無視しています。

その結果、「門から入るもの」をいっぱい詰め込んだ者が優等生とされるのです。おかしな教育です。

また、「縁より得たるもの」とは、成績順位でしょう。学校の成績が一番だ二番だ、いやビリだというのは、すべて「縁」によって決まるものです。他人の成績がよければ、自分の成績は悪いのです。いま、クラスで一番であっても、他のクラスに行けば七、八番かもしれません。そんなものは「始終成壊す」であって、いつかは消えてなくなるのです。

大事なのは「実力」ですよ。

実力というものは、競争とは無関係です。そして、みんな実力は伸びているのですよ。たとえば、小学校の一年生のときにビリであり、二年生、三年生……、そして六年生になってもビリの子がいます。しかし、その子の実力は、小学校一年生のときと六年生のときでは、六年生のほうが伸びていますね。一年生のときに読めなかった漢字が、六年生で読めるようになっているのです。

フランスの思想家のＪ・Ｊ・ルソー（一七一二―七八）は、

頭のいい子、悪い子がいるのではない。進歩の速い子と遅い子がいるだけだ。

と言っていますが、その通りです。われわれはあまりにも「縁より得るもの」にこだわっていませんか。

自分の中にある本当に大事なものを見つけ、それを家宝にすべきです。

19 「明」と「察」とは違う

坐禅のときは、目を半眼にします。

目をつぶると眠ってしまいます。反対に大きく目を開いて周囲を見ていたのでは、心が落ち着かないからでしょう。

ところで、あるとき、中国、宋代の哲学書である『近思録』（朱熹《しゅき》・呂祖謙《りょそけん》編）を読んでいたら、こんな言葉がありました。


明極《めい》まれば則《すなわ》ち察に過ぎて疑い多し。

こちらがちょっと隠し事をしています。それを相手がちゃんと見抜いているようなとき、

「ご明察、恐れ入りました」

と言ったりします。じつは、この〝明〟と〝察〟とは違ったものです。そして『近思録』は、「明」が過ぎると「察」になり、「察」は人間を疑い深くさせると言っています。

わたしは昔、〝明〟という字は〝日〟プラス〝月〟だと思っていました。しかし、藤堂明保編『学研 漢和大字典』によると、そうではないようです。

《「日＋月」ではなくて、もと「囧《ケイ》（まど）＋月」の会意文字で、あかり取りの窓から、月光が差しこんで物が見えることを示す。あかるいこと。また、人に見えないものを見分ける力を明という》

そう言われると、たしかに太陽光線と月光が一緒になることはありません。太陽の照らす昼間は、月は光りません。したがって、〝明〟は「日プラス月」ではありませんね。

〝明〟は、窓から差し込んで来る月の光です。

その月の光で物事を見るのが「明」です。

そうして、「明」によって「智」が得られます。

けれども、その「明」が過度になると「察」になります。

「察」というのは、細かなところまで見てしまうことです。この字に関しては、白川静『字統』には、

《宀《べん》と祭とに従う。宀は廟、廟に祭って神意をうかがうを察という。……。祭《さい》は本来神意をうかがうためのものであるから、祭ってその反応をみることを察といったのであろう》

と解説されています。

ともあれ、細かなところまで見てしまうならば、どうしても「疑い」が出て来ます。相手の細かな欠点が見えてしまったり、あるいは万々が一の危険が見えたりすれば、やはり猜疑心が働き、優柔不断になったりします。それではいけない――と、『近思録』はわれわれに警告を発しているのです。

たとえば、あなたがきょう会社に行き、仕事をして帰宅します。そのために道を歩き、電車やバスに乗ったり、あるいは自動車に乗ります。そうすると、あなたは交通事故に遭い、命を失う危険があります。極端な例ですが、察というのは、あなたが会社に行くことのうちに、交通事故による死亡の確率まで見ていることなんです。

それじゃあ、会社にも行けませんね。

でも、交通事故死までの心配はしないでいいにしても、外出のときに空が曇っていて、天気予報でも雨が降ると言われているときに、傘の心配をしなくていいとはなりません。やはり傘を持って出たほうがいいでしょう。

そうすると、どのような場合に心配し、どのような場合に心配しないでいいか、その目安は何でしょうか。

じつは、確率を論ずるときには、

——無視できる確率——

というのがあります。確率がこの程度以下であれば、まったく無視してかまわないという数字です。

では、どの程度の確率が、「無視できる確率」でしょうか？　フランスの数学者のエミール・ボレルによると、人間的な尺度において無視できる確率は「百万分の一」だそうです（『確率と生活』平野次郎訳、文庫クセジュ）。この数字は、だいたい大都会における交通事故の死亡率に相当します。たしかに、われわれはこの程度の危険には無関心ですね。交通事故死を予測して、毎朝、女房と水盃《みずさかずき》をかわしてから外出する人はいません。いたとすれば、精神病院行きです。

もう一つの基準は「百分の一」です。これは繰り返しのない事象についての考え方の目安です。袋の中に赤球が一個、黒球が九十九個入っていて、そこから一個だけ球を取り出し、しかもただ一回きりで赤球を取り出すことは、まずは不可能と見てよいというのです（マルセル・ボル『偶然の確実性』清水・服部訳、文庫クセジュ）。

もちろん、これらは一つの目安です。しかし、確率論においても、あまり細かなところまで見る「察」は必要ないとされているのです。

このように、「明」と「察」は違います。

だとすると、坐禅のときに半眼にするのは、ひょっとすればそれでもって入って来る情報量を加減しているのかもしれません。大きく目を開くと、入って来る情報量が多くなり、「察」になってしまいます。半眼にしていると「明」になるのです。

そして、仏像の多くは半眼です。

もっとも、不動明王だとか帝釈天《たいしゃくてん》、それに十二神将《じんしょう》などは、目をかっと開いています。あれは、われわれ人間の欠点をよく見て叱《しか》り、われわれに反省させるためです。

でも、釈迦如来《にょらい》や阿弥陀如来、薬師如来などは、たいていが半眼です。ほとけさまは、わたしたち人間の欠点を細かなところまで見ようとはされないのです。窓から差し込む月の光で見るように、われわれをあたたかく見てくださっているのです。

だとすれば、あの半眼が「慈悲」の目なんですね。

われわれも人を見るとき、半眼にしたほうがいいと思います。

いや、自分自身を見るときは「察」でもって、そして他人を見るときは「明」でもって見る。そのようにするとよいのではないでしょうか……。

20 「あとでまとめて」では楽しめない

貞女がいました。夫の生存中はよく夫に仕え、夫の死後は孤閨《こけい》を守っていました。

いまどき、そんな女がいるわけがないじゃないか。そう言われますか……?

たしかに、現代の日本にはいませんよね。

じつは、これは、古代インドの話なんです。

この話は『ジャータカ』(四五八)に収録されています。『ジャータカ』というのは、仏教文学の一ジャンルです。

その貞女は王妃です。王が死んだあと、彼女は寝室の扉を番兵に見張らせて、宮殿で身を固く守っていました。

ところが、帝釈天がこの貞女を誘惑しようと思います。帝釈天というのは、仏教の守護神です。と同時に、なかなか茶目っ気の多い神さまです。

それで帝釈天は、ある夜、金の鉢《はち》に金貨を山盛りに盛って、王妃の寝室に入って来ます。えっ、番兵はどうしたか？ あのね、帝釈天は神さまだから、どこからでも部屋の中に入ることができるんです。

帝釈天は王妃に言います。

「王妃よ、一晩、われと一緒に楽しみませんか。そうすれば、この金貨を差し上げます」

けれども、王妃はきっぱりと拒絶しました。

仕方なく、帝釈天は引き下がります。

しかし、次の夜も、帝釈天はやって来ます。

その夜の贈り物は、銀の鉢に山盛りの銀貨です。

だが、その夜も王妃に拒絶されました。

さらにその次の夜、こんどは銅の鉢に銅貨を山盛りに盛って出現します。

「お妃《きさき》よ、一夜ぐらい、いいではないですか……」

その夜も、もちろん王妃は拒絶しました。

しかし、彼女は帝釈天に質問します。

「普通であれば、拒絶されると次には贈り物を増やすものですわ。それなのに、そなたは、最初の夜は金の鉢に金貨、次の夜は銀の鉢に銀貨、そして今夜は銅の鉢に銅貨です。だんだんに贈り物の値打ちが下がっていきます。どうしてなんですか……？」

帝釈天はその質問を待っていたようです。

彼はこう答えました。

「若さと美貌は日ごとに衰えゆくものなり。王妃も、きょうはきのうより老いたればなり」

なるほど、真理です。若さと美貌は日に日に衰えます。四十年前のあなたには買い手がいっぱいいましたが、いまのあなたに買い手がいますか？　莫大な持参金付きでも、いまのあなたは拒絶されるかもしれません。

で、王妃は、帝釈天の誘惑に負けたのでしょうか。

にもかかわらず、王妃は誘惑に負けなかった――。それがこの物語の結論です。なにせこれは、仏典の一つである『ジャータカ』の説話ですから、そう簡単に王妃が負けるわけにはいかないのです。

でも、普通の女性であれば、こんなふうに言われると、ついふらふらと誘惑されてしまうかもしれません。まこと、

「花の命は短くて……」

です。いまは花も恥じらう乙女《おとめ》でも、三十数年後には皺《しわ》くちゃ婆《ばば》あですからね。覚悟しておいたほうがいいですよ。

＊

わたしはなにも浮気のすすめをしているのではありません。誤解しないでください。そうではなくて、

——人生、いまが花時——

と言いたいのです。

もっとも、そう書けば、それは若い者に関してだけ言えることであって、六十歳をとっくの昔に卒業した老人にとっては、「いまが花時」なんて言えるわけがない。そう思われそうです。

ですが、それも誤解です。人生はいつだって花時です。六十六歳の爺《じじ》いも、六十四歳の老婆も、「いまが花時」なんですよ。

と同時に、人生はいつだって下降線をたどっています。毎日毎日、いや一瞬一瞬、われわれは下り坂を下っています。きのうよりきょうのほうが悪いのです。そして、きょうよりはあすのほうがもっと悪くなります。

この認識が大事です。

わたしたちはこれまで、これと反対を教わってきました。すなわち、

――上り坂、発展型――

の神話です。きのうよりはきょうのほうが進歩している。きょうよりはあすのほうがよい。そう教わり、そう信じてきました。

いわゆる高度経済成長時代に、そしてバブルの時代に、この考え方が確立したようです。経済がどんどん発展したもので、物事はだんだんよくなると思い込まされてしまったのです。

もうとっくにバブルははじけてしまったのに、われわれはまだ後生大事に「上り坂」の夢を見ています。

が、そんな「上り坂」神話に毒されてはいけません。

いや、世の中は、世間一般に「上り坂」かもしれません。わたしはそうは思いませんが、

百歩譲ってそう仮定してもいい。でも、世の中のことはさておいて、あなた自身に関して言えば、

――人生はいつだって「下り坂」――

なんです。あなたは日に日に年を取り、健康が衰え、気力が減退し、容色が衰え、干からびた人間になります。それが自然の法則です。あたりまえのことなんです。

だから、「上り坂」神話に惑わされてはいけません。なぜ、でしょうか？ 「上り坂」神話に惑わされると、わたしたちは楽しみを、

――あとで、まとめて――

味わおう、と考えるようになります。いまは苦しいが、ちょっと我慢して単身赴任をし、後日部長になってから人生の楽しみを満喫しよう……などと考えてしまうのです。愚かな生き方です。

そんな考え方はやめて、わたしたちは、

――いますぐ、このままで――

人生を楽しむのです。そういう生き方をすべきです。

「あとで、まとめて」と言いますが、しかしあなたは、あす死ぬかもしれません。それに、

生きていたとしても、確実に年を取ります。糖尿病や腎炎になって、病人食の食事しかできなくなるかもしれません。そして、入れ歯。入れ歯だと、何を食べてもあまりおいしく感じられません。

いや、老人になれば、老人でいいのです。しかし、きょうの老人は、二年後の老人よりは若いのですから、その若いうちに人生を楽しみましょう。

人生は「下り坂」です。「下り坂」だからおもしろい。そう思ってください。

V

21 老いをしっかり受容する

人間にとって死はなんでもない――と断言する哲学者がいます。古代ギリシアのエピクロス（前三四一―前二七一）です。

……それゆえに、死は、もろもろの悪いもののうちで最も恐ろしいものとされているが、じつはわれわれにとって何ものでもないのである。なぜかといえば、われわれが存するかぎり、死は現に存せず、死が現に存するときには、もはやわれわれは存しないからである。

（出隆・岩崎允胤訳）

要するに、生きているあいだは死んでいないし、死んでしまえば死はない、と言っているのです。

ここでは、死は「点」として捉えられています。一本の線があって、一点を境にして「生前」と「死後」に分断されます。その分断される境の点が死なんです。そういうふうに理解されているのです。

エピクロスにかぎらず、だいたいにおいて哲学的には死はそういうものと考えられるでしょう。

そして、ユークリッド幾何学においては、点は位置だけがあって大きさはないとされていますから、その意味では死はどこにも存在しません。位置だけです。その位置を境に一方が「生前」になり、他方が「死後」になります。

現在、脳死といった観点で考えられている「死」は、ここから来ています。人間存在は死といった点で終了しますから、それ以後は人間ではないのです。人間でなくなった物を焼いて食おうが煮て食おうが勝手でしょう……というのが、脳死を認める人々の考え方です。まあ、哲学的にはそうなるのです。

しかし、仏教は違います。仏教はそんな考え方をしません。

第一、そんな考え方で安心できますか⁉　生きているうちは死なないし、死んじゃえば死なない。だから、あなたは死なない、死なない——と言われて、それで心の安らぎが得られますか⁉　心の安らぎの得られない、そんな哲学をいくら勉強したって無意味です。

仏教は、心の安らぎを与えてくれます。

では、仏教は、死をどのように考えているでしょうか……？

氷が融けると水になります。しかし、氷はある瞬間、水になるわけではありません。じわじわと氷が融けて、やがて水になるのです。

それと同じように、生が少しずつ、少しずつ死になっていきます。誕生の瞬間は一〇〇パーセントの生ですが、少しずつ生が減少し、死が増大します。そして最後に一〇〇パーセントの死になります。

これが仏教の見方です。

ですから、仏教においては、死を一種の病原菌のように見ているのです。わたしたちは誕生の最初から死というウイルスを内蔵していて、それが少しずつ増えていくのです。

したがって、死は老いと同じです。われわれは少しずつ、少しずつ死んでいきます。それが老いることです。

だとすれば、仏教においては、生きることは死ぬことです。生きることは老いることであり、それが同時に死ぬことなんです。

つまり、仏教は、生と死を切り離して見ることはしません。生の中に死があり、死の中に生がある。そう見るのです。

これが仏教から見た死であります。

＊

そして、わたしたちは死んだあと、

——ほとけの国——

に往きます。このほとけの国は、宗派によって呼び名が違います。

浄土宗や浄土真宗では……極楽世界、

真言宗では……密厳《みつごん》世界、

日蓮宗では……霊山《りょうぜん》世界、

と呼ばれます。しかし、いずれも「お浄土」です。安らぎの世界です。

わたしたちは、この世でしっかりと生きたあとは、ほとけの世界、お浄土に往って安らぎの生活にはいるのです。

だとすれば、死ぬということは、少しずつほとけさまの国がわたしの中に実現してくることです。わたしたちのこの生の中に、少しずつ死が増えてくるということは、とりも直さずほとけの国が少しずつ増えてくることです。そうなりますね。

死ぬことは老いることとです。わたしたちは、常識的には、死ぬこと、老いることを嫌っています。できれば、老いたくない、死にたくないと考えています。

けれども、それは不可能です。

ならば、いっそのこと、老いと死をしっかりと受容したらどうでしょうか。

仏教はそう考えます。

老いと死は、ある意味でほとけさまに近づくことです。

もっとも、みんながみんな、老いとともにほとけさまに近づくわけではありません。いわゆるエコノミック・アニマル、金の亡者は老いれば老いるほど貪欲になります。彼らは老いとともに餓鬼になります。欲望の奴隷になります。

しかし、仏教的に生きた人は、年を取るほどにほとけさまに近づくのです。つまり、仏教者にとっては、老いることはほとけのこころがわかってくることであり、死ぬことはほとけの世界に近づくことです。なぜなら、仏教者はほとけの国を信じているからです。死んだらほとけの国に往くのだと信じているから、安心して老いることができ、安心して死ぬことができます。

だが、ほとけの国を信じていない人にとっては、そうはいきません。ほとけの国を信じていない人は、この世界だけしかありません。現世のほかには何もないから、現世にしがみつくよりほかないのです。

そうすると、老いること、死ぬことがこわくなるのですね。いつまでも、いつまでもこの世界に生存をつづけたいと願い、死を拒否します。拒否したって、死はやって来るのに……。だけど、死を受け容れたくないから、死を忘れよう、忘れようとするのです。あたふたとしています。いまの日本人の大部分は、死を忘れるためにがんばりにがんばっています。

滑稽《こっけい》ですよね。

わたしたち仏教者は、しっかりとほとけの国を信じましょう。

ほとけの国を信じて、安心してこの世を生きればいいのです。

ほとけの国には、わたしたちの両親、祖父母、ご先祖さま、この世で縁のあった大勢の人がおいでになります。お浄土に往けば、わたしたちは彼らと再会するのです。それが死なんです。

その再会にそなえて、わたしたちはお土産を準備すべきです。

でも、お浄土に持参できるお土産は、金銭や財産ではありません。

そうではなくて、それは、この世で生きたわたしたちの、

――美しい思い出――

です。その美しい思い出をつくるために、わたしたちはこの世で生きているのです。

わたしはそのように考えています。

22　物には使われない

伊達政宗《だてまさむね》（一五六七―一六三六）といえば、戦国時代、奥州最強の武将でした。世に「独眼龍《どくがんりゅう》政宗」と呼ばれていますが、これは幼時に彼が右目を失明したためです。

その政宗の、若いころの逸話です。

ある日、政宗は名器の茶碗を手に取って眺《なが》めていました。

そのうちに、ちょっと手がすべり、その茶碗を危うく落としかけます。だが、幸いに茶碗は無事でした。

けれども、政宗にとって、それは屈辱的な出来事です。彼は、自分が一瞬、ひやりとしたことが残念でなりません。

〈一国の武将である俺さまが、たかが茶碗一個で心を乱すなんて、情けないことだ……〉

彼はそう考えました。

なるほど、その茶碗は名器です。珍器です。高価な物です。現代でいえば、何千万円もする品であったでしょう。だから、心が動くのはあたりまえといえばあたりまえです。

しかし、戦国の武将としては、その、

――心の動揺――

が問題です。それが許せないのです。

なぜなら、心が動揺したということは、自分が茶碗に動かされたのです。茶碗を所有している主人であるはずの自分が、逆に茶碗に動かされる。そのとき、人間は茶碗の、

――奴隷――

になっているのです。まさにあべこべです。政宗にとっては、それが問題だったのです。

そこで彼は、それから数日後、その茶碗を取り出し、庭石に向かって投げつけました。

その直前、彼は、

「残念だ！」

と言っています。そう言って、彼は茶碗を投げつけました。

「ガチャン！」

庭石に当たって、茶碗は粉々に砕けました。

その瞬間、きっと政宗は茶碗の奴隷から主人に戻ることができたのでしょう。

彼はさばさばした様子で、庭から座敷に戻りました。

＊

もう一つの話を紹介しておきましょう。

同じく戦国時代の武将で、加藤嘉明《よしあき》（一五六三―一六三一）の話です。

彼は豊臣秀吉に仕えた人物です。

嘉明は、虫喰《く》い南京《なんきん》小皿、十枚セットを珍重していました。わたしは、それがどんな物であるのか、よく知りません。たぶん、これも何千万円もする品物なんでしょう。

ところが、ある日、その虫喰い南京小皿の十枚セットのうちの一枚を、家人《かじん》が割ってしまいました。もちろん、過失です。故意にやったのではありません。

それを聞いた嘉明は、残りの九枚を持って来させて、それを自分の手で粉々に砕いてしまいました。

なぜだかわかりますか……？

加藤嘉明はこう言っています。

「どんなに高価な器物であっても、家人には替え難い。およそ器物や草木鳥類などを珍重する者は、そのためにかえって家人を損なうことも起きるものだ。この点は、人の上に立つ人間がよく心得ておかねばならぬことだ」

よく社長室などに、高価な置物を飾っている人がいます。あれは、一面では罪つくりです。掃除をする人がどれだけ神経を使っているか、わたしなどはそれが心配になります。

また、嘉明は、こうも言っています。


珍器奇物は有ても無ても事欠ず。


宝物なんて、あってもなくても困りやしない、というのです。そして彼は、次のように続けています。

「家人はわが四肢《しし》である。一日もなくてはならぬ存在である。天下国家を治めることができるのも、家人あってのことである」

宝物なんてなくてもいいが、家来はなくては困ります。家来があって、はじめて国を治めることができるのです。

それはともかく、家人が割ったのは一枚の皿です。あと九枚残っています。なぜ嘉明は、その九枚を故意に割ってしまったのでしょうか……？　一枚ぐらい欠けていても、たとえば客が六、七人であれば、九枚の皿でも役に立ちます。使えないわけではありません。なぜでしょうか？

それは、かりに九枚を残しておくと、それを使うたびに、本当はこれは十枚セットであったのに、あの男が粗相《そそう》をしたために九枚になったのだ……と思い出すからです。また、その男も、そのたびに昔の自分の失敗を思い出さざるを得ません。それじゃあ、その男に気の毒です。

だとすれば、いっそのこと、全部なくなってしまったほうがいい。

加藤嘉明はそう判断し、九枚を自分で割ったのだと思います。

そこに嘉明の、人間としての「やさしさ」があったわけです。わたしはそう思います。

＊

茶碗にしても、小皿にしても、すべて道具というものは人間が使うものです。ところが、道具も高価なものになれば、それを使うに際して人間のほうがびくびくします。そうなると、まるで道具が主人で、人間のほうがその道具に使われる奴隷になってしまいます。

おかしいですよね。

そこで、人間が奴隷の状態から解放されるために、換言すれば人間の主体性を確立するために、伊達政宗も加藤嘉明も、道具を破壊したのです。

そして、道具を破壊することによって、彼らは、

――自由――

を獲得しました。「自由」というのは「自分に由《よ》る」ことです。物に支配されるのではなく、自分の判断によって行動することです。

わたしなどは、幸いにも物に支配されるほどの高価な物は持っていません。マイカーも持っていません。しかし、世の中には、マイカーの奴隷になっている人が大勢います。高級車をピカピカに磨き上げている人が多いですね。車なんて、運動靴みたいなものでしょう。車の奴隷になっているなんて、情けないではありませんか……。

――物の奴隷になるな！　自由人であれ！――

われわれはそういう教訓を学んでおきましょう。

23　世間のことを気にしすぎない

「お父さんの中学時代、高校時代の、学校の成績はよかったの……？」

子どもたちが中学生のころ、夕食の席でそう訊《き》かれたことがありました。

「ああ、お父さんの成績はよかったよ。どんな試験も、みんな百点満点だった」

「本当……？」

子どもたちはびっくりしています。

わたしは、しばらくのあいだ黙っていて、そのあと、こう説明しました。

「いや、学校の先生がつける点数は、百点ばかりではなかったよ。ときには六十点ということもあった。しかし、お父さんは、自分では百点だと思っていた。それが六十点になるのは、先生が問題を出しまちがったからだ。お父さんが百点をとれない問題を出すのは、先生が悪いんだ。お父さんはそう思っていたんだ……」

娘と息子は変な顔をしています。無理もありません。わたしの考え方がまじめなのかどうか、彼らにはわからないのも当然です。

「あのね、あなたがたの学校の成績だって、そんなに気にしないでいいのだよ。学校の先生がつけた点数なんて、そんなものは絶対じゃないんだ。といっても、別段無視する必要はないけれども、絶対視する必要もない。まあ、参考程度にしておけばいいいんだよ」

わたしはそのように解説してやりました。

いま、日本の社会がおかしいのは、学校の成績が絶対視されていることです。学校の成績ばかりではありません。サラリーマンの社会にあっては肩書きが絶対視されています。つまり、他人（あるいは世間）がわたしをどう見ているか、それが気になってならないのです。

馬鹿らしいと思いませんか。学校の先生がうちの子をどう見ているか、親がそんなことを気にしている。自分の夫を、あるいは妻を、世間の人がどう見ているか、そんなことを気にする夫や妻であっていいのでしょうか……。そんなことを気にするな！　と言うのではありません。そりゃあ、ほんの少しは気にしてもいいでしょうが、なにも絶対視する必要はありません。無視せよ、とまでは言いませんが、参考程度にすべきです。わたしはそう思いますね。

この点に関しては、古代ギリシアの哲学者のソクラテス（前四七〇―前三九九）が、こんな発言をしています。彼は、

――「自己そのもの」と「自己のもの」――

とを峻別《しゅんべつ》しました。「自己のもの」とは、自分の肉体や、あるいは財産だとか肩書きだとか、一時的に自分が所有しているものです。誰がどう考えても、大事なものは「自己そのもの」です。ところが世間の有象無象《うぞうむぞう》たちは、その大事な「自己そのもの」をほったらかしにしておいて、「自己のもの」ばかりに関心を示しています。ソクラテスは、その世間の有象無象どもの愚を嗤《わら》ったのです。

たしかにその通りです。わたしたちにとって大事なものは、「学歴」ではなしに「学力」でしょう。「学歴」は「自己のもの」であって、「学力」のほうが「自己そのもの」です。にもかかわらず、わたしたちは「学歴」のほうを重視しています。ソクラテスに嗤われる

こと必定です。

＊

ここでお釈迦さまに登場していただきます。

お釈迦さまは入滅される直前、弟子のアーナンダ（阿難《あなん》）にこのように遺言しておられます。

わたしが死んだあとは、あなたがたは自分自身を灯明《とうみょう》とし、自分自身をよりどころとせよ。他の者に頼ってはいけない。法を灯明とし、法をよりどころとせよ。他の者に頼ってはいけない。

（『大般涅槃経《だいはつねはんぎょう》』）

このお釈迦さまの言葉が、一般に、

――自灯明、法灯明――

と呼ばれているものです。

〝法〟というのは、釈迦の教えであり、真理です。お釈迦さまが入滅されれば、この世は闇《やみ》になります。その闇の中を、わたしたちは、お釈迦さまが教えられた真理（法）を灯明として歩みます。それが法灯明です。

だから、「法灯明」は当然です。わたしたちは法を灯明にせねばなりません。

だが、お釈迦さまは、その「法灯明」の前に「自灯明」を言われています。自分自身を灯明にしなさい——と教えられたのです。

これはどういうことでしょうか……？

現代的な言葉でいえば、主体性を持て！　ということでしょう。

しかし、そんな表現よりも、

——世間の奴隷になるな！——

と言うほうがわかりやすいと思います。われわれはあまりにも世間のことを気にしすぎています。これはひょっとしたら日本人の民族性かもしれません。牧畜民族である西欧人は、あまり隣人を気にしないでいられます。けれども農耕民族である日本人は、定着して住んでいますから、他人のことが気になるのです。

もちろん、他人をまったく無視してしまうのはどうかと思います。しかし、あまりにも世間のことばかり気にしているのは、世間の奴隷になっているのです。この例は前にも使いましたが、算数のテストで百点をとった小学生が、喜んでお母さんに報告します。とこ

ろがお母さんが、

「ほかに百点とった子は何人いるの？」

「きょうはね、八人も百点の子がいたのよ……」

「あなたのほかに七人も百点の子がいたのね。それじゃあ、あなたの百点は、あまり値打ちがないわね」

と言えば、子どもはがっかりです。百点の子がほかに何人いようと、それは世間の問題です。世間の奴隷になってはいけません。

じつは、仏教は、基本的に、

——出世間の教え——

です。出家というのは、家（世間）を出ることです。なにも全員が出家してお坊さんになる必要はありませんが、在家のままでも精神的には出家（出世間）をすべきです。

——世間の奴隷になるな！——

——自由人であれ——

それが『般若心経』の教えです。

24　漠然とした不安をなくす方法

不安と恐怖はまったく違ったものです。

恐怖というのは特定の対象があって、その対象に怯《おび》えているのです。獰猛《どうもう》な犬を怯えるのがそれです。

ですから、恐怖の場合は、その対象がなくなるならば恐怖もなくなります。獰猛な犬に怯えていた幼児も、その犬が遠くに行ってしまうと安心します。あるいは、その犬が鎖につながれてもいい。父親がそっとその子の手を握ってやってもいいのです。そうすると恐怖はなくなるのです。

けれども、恐怖心をそのままにしておくと、恐怖が不安に変わることがあるから要注意です。

ときどき、怯えている子どもに対して、

「もっと勇気を出せ！」

と叱っている親や教師がいますが、あれは大まちがいです。そんなことをしていると、恐怖が不安に変じてしまう可能性があります。

一方、不安というものには特定の対象がありません。漠然《ばくぜん》と不安を感じるのです。したがって、自分がいま、何を不安に感じているのか、本人にもわからないのです。それが不安というものです。

その意味では、不安は内面的なものだといえます。

この不安に関して、禅籍『無門関』におもしろい禅問答があります。

達磨《だるま》面壁《めんぺき》す。二祖雪に立つ。臂《ひじ》を断じて云《いわ》く。「弟子は心未《いま》だ安からず、乞《こ》う、師よ、安心せしめよ」。磨云く、「心を将《も》ち来《きた》れ、汝が為めに安んぜん」。祖云く、「心を覓《もと》むるに了《つい》に不可得《ふかとく》なり」。磨云く、「汝が為めに安心し竟《おわ》んぬ」

達磨が面壁していました。達磨というのは、インドから中国に禅を伝えてきた菩提達磨《ぼだいだるま》です。あの起き上がり小法師《こぼし》の達磨人形は、この人をモデルにしたとされています。面壁すというのは、壁に向かってじっと坐禅をしていることです。彼は九年間も坐禅をしつづけたので、手足がなくなってしまったとされています。その姿が達磨人形です。

二祖というのは慧可《えか》（四八七―五九三）です。慧可が達磨の禅を継承して禅宗第二祖となりました。達磨が初祖です。

しかし、達磨はすんなりと慧可を弟子にしたのではありません。慧可がいくら頼んでも、達磨は知らんぷりをしています。そこでついに慧可は雪の中で自分の臂を切断して、自分の真剣さを訴えます。それでようやく入門が許されました。

そして、慧可は達磨にこう言いました。

「弟子はまだ心が不安です。どうか師よ、わたしを安心させてください」

「それじゃあ、その心をここに持っておいで。そうすれば、おまえさんのために安心させてあげよう」

達磨はそう答えます。それに対して、二祖の慧可が言います。

「その心をさがしているのですが、どうしても見つかりません」

「おまえさんのために、安心させてあげたよ」

達磨はそう言いました。

おわかりですね。慧可は自分の心の中に「不安」を一所懸命にさがします。だが、どこにも見つかりません。それなら不安はないのです。だから、達磨は、「おまえさんを安心させてやったよ」と言うのです。

不安というものは漠然としたものです。特定の対象がありません。とすれば、不安をなくすことなど不可能です。恐怖であれば、なんとか対策を講ずることができそうですが、不安に対してはどうすることもできません。

だとすれば、不安はどうすることもできないものだと知ることが、不安を軽減する唯一の方法ではないでしょうか。達磨は慧可に、そのように教えたのだと思います。

それから、例の一休咄《ばなし》がありました。

頓智《とんち》の一休さんが、足利三代将軍義満公の御前に召し出されました。神童の誉《ほま》れの高い一休さんの評判を聞いた将軍が、その実力を試そうとしたのです。

「一休よ、そこにある屏風《びょうぶ》に描かれた虎が、毎夜、外に出ていたずらばかりするので困っておる。そのほう、その虎を縛ってくれぬか……」

将軍はそんな難題を吹っかけます。しかし、一休さんはなんの臆することもなく、縄と鉢巻を用意してもらって、屏風の前に身構えます。そして、言います。

「さあ、わたしが縛りますから、将軍さま、どうか虎を追い出してください」

「おいおい、一休よ、馬鹿なことを言ってはいかん。絵に描いた虎を追い出せるわけがない」

「将軍さまが追い出せないのでしたら、この一休も縛ることはできません」

これは一休さんの勝ちです。

不安というものは、いわば絵に描いた虎です。絵の中の虎を縛ることはできません。もしも絵から飛び出て来たら、そのときに縛ればいいのです。

不安そのものをなくそうとするのではなしに、不安が現実の恐怖になったり、厄介事になったとき、それをうまく処理すればいいのです。

＊

古代ローマの思想家のエピクテトス（五五ごろ―一三五ごろ）がおもしろい発言をしています。

不安がっている人は、自分の権限内にないものを欲している。

〝自分の権限内にないもの〟とは、自分の力で思うがままにならないものです。老・病・死がそうです。老いるのをやめようとしても、死ぬのをやめようとしても、できるわけではありません。老いるのはいやだ、いつまでも若くありたいと思うから、あるいは死にたくないと思うから、われわれは不安になるのですね。

大学受験にしても、われわれは自分の実力を高めることはできます。自分の実力を高めることは、自分の権限内にあることです。けれども、大学に合格できるかどうかは、自分の権限内にありません。他人がどれだけの点数をとるかに依存することであって、その他人の成績に関しては自分に権限はないのです。だから不安になるのですね。

歌手は、自分の力でもってうまく歌うことはできます。けれども、聴衆からの称賛は、歌手の力でもっては獲得できません。それは歌手の権限の外にあります。

にもかかわらず、歌手がなんとか聴衆の称賛を得たいと思えば、そこに不安が生じます。エピクテトスはそう言うのです。なるほどおもしろい見方ですね。

25　幸福でありさえすれば……

どうやらわたしたちは、健康であることが幸福で、病気になることは不幸だと考えています。けれども、それはおかしな思い違いだということは、ちょっと考えればすぐにわかることです。だって、健康でピンピンしていても不幸な人は大勢いますし、逆に病気はしていても幸福な人もいっぱいいます。すでにふれたように、健康なるが故に浮気をして、家族を滅茶苦茶にした人もいれば、母親が病気になって息子が非行から立ち直った家族もあります。健康イコール幸福、病気イコール不幸といった方程式はまちがいです。

じつは、われわれを悩ませるものは、病気そのものではなさそうです。

それよりも、病気になれば困る、病気になれば不幸になる、といった恐怖心、不安感がわれわれを悩ませるのです。

したがって、病気になれば、あんがいに人は落ち着くものです。もっとも、これは性格にもよりますから、一概に言えないのですが、実際に病気になってほっとする人もわりと多いようです。

そのことは、破産した会社の経営者が言っていました。

破産する前の彼は、なんとか破産をまぬがれようとして奔走し、そして、

〈破産したらどうしよう……〉

といった恐怖心、不安感にとらわれ、夜も眠れぬありさまでした。最後には血尿まで出ました。

だが、結局は破産したのです。ところが、破産したあとは精神的にずっと楽になり、笑顔を取り戻すことができたそうです。それまでの彼は、まさに鬼《おに》の面をしていたのです。

「破産の幻影に怯え、じくじく悩んでいるより、破産後の現実のほうがはるかに楽です。人間というものは、幻影に悩まされるのですね」

と、その経営者が語っていました。

死に対する恐怖だって、同じようなものでしょう。
伴蒿蹊《ばんこうけい》（一七三三―一八〇六）の『近世畸人伝《きじんでん》』にこんな話があります。

……某山中にて一奇人にあへり。人跡絶たる所に庵を結び、年も老たるが、いろ〳〵のもの語をし、さていへることは、此前《この》なる谷川の水出て橋落る時は、食物をもとむべき通路絶なんと、唯是《これ》のみ心にかゝりしが、此比《このごろ》はさとりて、我命ある限は食有べし、食尽るは我が命の終る時也、とおもひさだめつれば、甚《はなはだ》やすし、といへるには、……。

伴蒿蹊は江戸中期の国学者ですが、『近世畸人伝』には彼が「奇人」と認定した人をいろいろに集めています。その奇人の一人（中倉忠宣といいます）が語った話がこれです。山の中で一人の奇人に会った。奇人が奇人に会ったわけです。その人は、最初は、谷川の水が増えて橋が流されてしまえば、里《さと》に出ることができなくなり、食糧が得られなくなる。そうなればどうしようか……と心配であった。だが、最近になって、命のあるかぎりは食が得られるであろう、食が得られなくなったときは、自分の命の終るときだと思うようにしている。そうすると心が落ち着いた、と言ったというのです。

これ、なかなかいい話ではありませんか。

わたしたちも、大地震が来たらどうしようか……と、あれこれ考えますね。そのときに備えて何日分の食糧や水を備蓄するようにと、災害対策のパンフレットが配られています。でも、いくらわが家にそういう備えをしていても、外出しているときに災害に遭えばどうなるんですか。地下鉄に乗っているときに地震が来れば、わが家のリュックサックは役に立ちません。

だから、わたしはこう考えることにしています。

——助かるときは助かるんだし、死ぬときは死ぬんだ——

と。それが天命でしょう。

その点では、室町時代の一路庵禅海居士《いちろあんぜんかいこじ》が立派です。この人、もとは御室仁和寺《おむろにんなじ》の僧であったのですが、還俗《げんぞく》して草庵に住んでいました。

そして彼は、草庵のわきに畚《もっこ》をつるしておきます。すると往来の人が、この畚の中に米や野菜を入れてくれるのです。それでもって雑炊をたいて生きていました。

つまり、一路は、世捨人の生活をしていたのです。

ところが、あるとき、村のいたずら小僧が一路の畚に馬の沓《くつ》を投げ込みました。

その夕、一路が畚を下ろしてみると、馬の沓だけしかありません。

「わが糧《かて》、すでに尽きたり」

そう言って、一路は食を断って死にました。

なにもそこまでしないでいいではないか。子どものいたずらなんだから、気にする必要はない。わたしたちはそう言うでしょう。

それはその通りです。一路にだって、それが子どものいたずらであることはわかっていました。けれども、人間は、いつか、どこかで死の覚悟をせねばなりません。ここが潮時《しおどき》だと思えば、しっかりと死んでいく。その覚悟がないと、人間はいつも死をびくびく恐れていないといけなくなります。

その典型が現代日本人でしょう。なまじ臓器移植があるから、潮時が見えなくなってしまう。〈まだ、まだ〉〈もっと、もっと〉と思ってしまうのです。

そうすると、死が怖くなり、病気が怖くなります。病気を不幸だと思って、健康、健康と騒いでいます。

そして、病気になると、完全に落ち込んでしまいます。癌になって、癌を治すことばかりに専念している人がいます。まるで癌を治すことが人生の目標であるかのように思うんですね。癌のためには、あれを食べちゃいけない、これを食べろ、と一所懸命やっています。癌であろうと、癌でなくても、人間、死ぬときは死ぬんです。逆に言えば、死ぬまでは死にません。

ともあれ、あまり先の心配をすることはやめましょうよ。病気にならないか、なりたくないと、びくびく心配したって無駄《むだ》。心配しなくても病気になるときはなるし、心配したって病気になるときはなるのです。

そして、病気になれば、その現実をしっかりと受け容れるといい。そうすれば、幸福になれます。

いや、これは逆かもしれません。

この点に関しては、フランスの哲学者のアラン（一八六八―一九五一）がこう言っています。

病気というものに対しては、幸福は最良の武器である。

（『幸福論』）

幸福でありさえすれば、わたしたちはたとえ病気になっても、その病気をちっとも苦にしないでいられるのです。それがアランの言いたかったこと。

わたしたちは、病気が不幸だと思っていますが、それはまちがいです。

病気になっても、その病気を苦にしなければ、われわれは幸福でいられる——といった考え方もありますが、それもやはりまちがいです。

アランが言うように、幸福でありさえすれば、病気はちっとも苦にならないのです。

ということは、不幸であれば、病気が苦になるのです。

同様に、幸福であれば、死ぬことがそれほど苦になりません。

不幸だから、死ぬことが苦になり、死の不安に怯えるのです。

そう考えるべきだと思います。

Ⅵ

26　煩悩という名のお客さま

誰もが知っているデンマークの童話作家のアンデルセン（一八〇五—七五）に、

珍客も長居しすぎると嫌われる。

といった名言があります。しかし、わたしに言わせると、これはまちがいです。本当は、

「いかなる客であれ、長居する客は嫌われる」

と言うべきです。お客さんはさっと切り上げるのが礼儀です。

じつは、最近の人々は誤解していますが、招待を受けずに他人の家に押しかけて行ってはいけないのです。招待はないが用件があって訪問せねばならないときは、あらかじめ電話を入れて訪問します。その場合は、玄関で用を足すべきで、上がってはいけません。主人側は外交辞令として、

「どうぞ、お上がりください」

と言いますが、「いいえ、時間がありませんので……」と辞去するのがエチケットです。主人側が何度もすすめれば、ちょっと上がってもいいのですが、その場合もお茶をいただくだけで辞去するのが礼儀です。

どんなことがあっても、二杯目のお茶が出れば、それは、

「帰れ！」

のサインですから、速やかに辞去すべきです。

もちろん、夕食に招かれているようなときは違いますよ。ゆっくりしていいのです。でも、それだって限度があります。その辺のところ、最近の人々はすっかりわからなくなっています。礼儀知らずが多くなったようですね。

いいえ、わたしはエチケットを云々しようとするのではありません。仏教では、じつは煩《ぼん》

悩《のう》というものをお客さんと見ています。

すなわち、仏教の言葉に、

――客塵煩悩《きゃくじん》――

というのがあります。煩悩はわれわれの心に本来具《そな》わったものではない。煩悩は、ちょっと訪ねて来た客のようなものであり、一時的に付着した塵《ちり》のようなものです。客はいつかは帰って行くであろうし、塵は洗えば落ちます。そういう意味の言葉です。

とすると、お客さんには早く帰ってほしいですね。

いや、そもそも煩悩といった来客にはやって来てほしくありません。

だが、よく考えてみると、このお客は先方が勝手に押しかけて来たのではなく、こちらのほうから招待した形跡があります。たとえば、テレビを見るからあれこれ商品が欲しくなります。また、健康が気になるのです。わたしはほとんどテレビを見ません。わたしが見るのは、プロ野球の阪神タイガースの試合だけです。そうすると、欲望を喚起されることが少ないようです。

自慢になるかどうか知りませんが、わたしはマイカーを持っていません。そもそも運転ができないのです。ゴルフもやりません。たばこはやめました。現在はたばこは大嫌い。

ちょっと仙人《せんにん》のような生活です。そうするとあまり欲望がありません。ゴルフをやると大変ですね。ゴルフをやることによって、欲望という名のお客（煩悩）を招待しているのではないでしょうか。

もちろん、招待なしの煩悩という客がわれわれの所に多数押しかけて来ています。

そして、それらの客に早く帰ってもらいたいと思います。こちらが招待した客でも、長居されると困ります。

どうすれば、早くに帰っていただけるでしょうか……？

むずかしい問題です。まず、「もう帰ってくれ！」と追い出しにかかると、ひょっとしたら相手は暴れだすかもしれません。暴力団員みたいなお客もいるのです。また、お客を無視してかまいつけなければ、やはり暴れだす惧れもあります。

かといって、あまりにていねいな応対をするのはどうでしょうか。居心地がいいもので、お客が腰を落ち着けてしまうかもしれません。

本当にむずかしいですね。けれども、これだけははっきりさせておくべきことは、煩悩は客で主人はわたしのほうだ、ということです。それをまちがえてはいけません。

そして、客は主人の言いなりにはなりません。

わたしたちは客を自由自在に操《あやつ》れるかのように思っていますが、それはまちがいです。客は客の都合で動きます。こちらの自由にならないものです。

そうだとすれば、客に早く帰ってほしい……なんて思わないほうがよさそうです。また、客の居心地を悪くしてやったほうがいいか、それとも居心地をよくしてやったほうがいいか、それも考えないほうがよさそうです。

虚心坦懐《きょしんたんかい》に客に接する——それがいちばんいい方法だと思います。

たとえば、他人に誤解されて気が沈んだようなときです。誤解されてうれしいはずがありません。誰だって落ち込んでしまいます。

だが、「あなたはわたしを誤解している」と、直接申し開きできるわけではありません。そういうチャンスがあれば、それを利用すればいいのですが、無理にそういうチャンスをつくろうとすれば、かえって事態が紛糾《ふんきゅう》するかもしれません。

そういう場合には、じっと落ち込んでいたほうがよさそうです。無理に動き回らないこと。

考えてみれば、わたしたちはみんな他人を誤解しています。他人が置かれた事情なんて、細かいところまでわかるわけがありません。ある意味で、

――われわれはみんな他人を誤解する権利を持っている――

のです。自分も他人を誤解しているのだから、他人から誤解されても文句は言えません。とすれば、虚心坦懐に誤解されていることに耐えるべきです。そうしていると、自然にお客さんは帰って行くでしょう。

でも、もしも万が一、絶対に帰らない客がいれば……？　そのときは、いわば家族の一員として扱えばよいでしょう。煩悩をそういうふうに扱うのも、あんがいにおもしろいやり方だと思います。

27　希望を持つことは世に従うこと

老人ホームでは、各自の誕生日直後の死亡率が急に増えるそうです。次の誕生日が来れば自分は何歳。老人は知らず知らずのうちにその何歳を目標にし、それまでを生きようとします。だが、その目標に到達すると、とたんに希望がなくなり、がっくりするわけです。それで死亡率が増えるのです。

でも、翌年だって誕生日があるではないか。それを目標に生きればよい。そう言われるかもしれませんが、次の誕生日を目標にできるのは、せいぜいその二、三か月前でしょう。きのう誕生日を迎えたばかりで、これから三百六十四日後の次の誕生日を目標にできないものです。どうしても目標を失ってしまいます。希望がなくなるのです。

ナチスの強制収容所において、ときどき、何月何日までに戦争が終わり、自分たちは解放される——といった「希望」が語られるようになります。誰かが言い出し、そしてそれを信ずる人が出てくるのです。

人々は「希望」を持って生きますが、しかしその何月何日が何事もなく終わると、それを信じた人々が数多く死んでいきます。自殺ではなしに、自然に死ぬのです。ユダヤ人としてみずからもナチスの強制収容所に入れられたドイツの精神医学者のフランクルが、そんな報告をしています。

「希望」というものは、ある意味では残酷です。

希望は、われわれに生きる力を与えてくれるかのように思われていますが、本当にそうでしょうか。

こんな話があります。中国の話です。

ある人が仕官をしたいと思いました。皇帝は文人で、学問に秀でた人間を採用されます。そこで彼は、一生懸命に学問に精を出しました。

ようやく彼に実力がついたころ、皇帝が死にます。新しい皇帝は武を尚《たっと》びます。そこで男は、こんどは武道に打ち込みます。

そして彼の武道が上達したころ、また皇帝が亡くなります。

次の皇帝は、老人を嫌い若者を採用します。

男は年を取っていたので、採用の見込みはありません。

現代日本にも見られる話ですね。理科系の就職がいいので、三年も浪人をしてようやく理科系に入った。が、卒業のころには、理科系の就職が悪くなっていた。そんな例が実際にありました。

希望を持つ——ということが、世の中の動きに自分を合わせることであれば、いささか馬鹿らしいですね。卑屈です。

でも、希望を持つ、願望を持つということは、よく考えてみれば世に従うことなんです。「末は博士か大臣か」といったような願望、あるいは大金持ちになる、世間の有名人になるといった希望は、すべて世間が公認しているものです。そして、世に従わなければ、その希望や願望は達成されません。

となると、あの鴨長明《かものちょうめい》（一一五五ごろ—一二一六）の言葉が思い出されます。

世にしたがへば、身、くるし。したがはねば、狂せるに似たり。（『方丈記』）

で、結局、ここに来るわけです。ここに来る、というのは、すなわち、

――狂――

です。わたしたちは狂うべきです。どうやら『般若心経』がわれわれに教えてくれているのは、「狂え！」であるようです。

わたしたちが「まとも」でいると、「身、くるし」です。「まとも」な人間は、会社にあってはよき社員であらねばならず、妻に対してはよき夫、子に対してはよき父を演じなければなりません。夫に対してはよき妻、子に対してはよき母を演じつつ生きる。それが「まとも」な人間です。しんどいですね。

そんなしんどさから逃れて自由になる（自分を取り戻す）には、おそらく「狂」しかないのではないでしょうか。

それをやったのが一休禅師です。

ある日、彼の庵室に女性が訪ねて来ました。彼女の夫は孫右衛門といって、一休の俗弟子です。

一休はこの奥方に不倫を持ち掛けます。

「今夜は一晩、ここに泊っておいき……」

奥方は怒ります。不倫なんてできませんと、ぷんぷんしながら帰ります。そして、夫に打ち明けます。あの一休禅師に誘惑された、と。

それを聞いて、夫が言います。

「おまえ、一休禅師というのは〝生きぼとけ〟と呼ばれている高僧だ。そんな高僧に抱かれるなんて、名誉なことだ。もう一度行って、抱かれておいで……」

奥方はその気になり、再度厚化粧をして一休の庵室を訪ねます。

「トントン」

「どなたじゃのう?」

「孫右衛門の妻です。戻ってまいりました」

「おや、そうかい。だが、わしの欲望はとっくにさめているのでのう……。お家《うち》にお帰り」

そんなエピソードがあります。

世間では、一休禅師を「風狂」と呼んでいます。弟子の奥方を誘惑するなんて、禅僧としてあるまじき行為です。たしかに彼は狂っています。

では、世間は狂っていないでしょうか。世間のほうがひどい狂いようじゃないですか。わたしは人妻です。不倫なんてできませんと言っておきながら、夫に言われるとのこのこ抱かれに行く。いまの日本にも、この手の女性がわんさかいるようです。有名人に抱かれることを名誉と思っている女性が……。世の中が狂っているとき、こちらは狂うことによってあんがい「まとも」になれそうです。もっとも、狂を基準にしてこちらが狂えば、狂が倍加される可能性もあります。でも、いいじゃないですか。どうせすべてが「空」なんですから。

われわれは、狂いましょうよ。

何せうぞ、くすんで、一期《いちご》は夢よ。ただ狂へ。

これは『閑吟集《かんぎんしゅう》』に出てくる歌です。『閑吟集』は室町後期につくられた歌謡集です。編者未詳。庶民の生活感情を伝えた当時の歌が収録されています。その中で、わたしのいちばん好きな歌がこれです。

「何になろう、まじめくさって、一生は夢よ。ひたすら遊び狂えよ」

そんな意味です。もちろん、室町時代に生きた庶民が、だからといって遊び狂っていたわけではありません。現実には、彼らは牛馬のごとく働かざるを得なかった。その苦悩の中で、彼らは「ただ狂え！」と歌ったのです。

われわれは狂うことによってしか社会の重圧から逃れることができないのです。それは、室町時代であれ、二十一世紀初頭の日本であれ、同じです。いつの時代でも、われわれは社会の重圧を受けています。そこにちょっとした風穴を開けるには「狂」しかないようです。わたしはそう思うのです。

28　デタラメであることの安心

三人の男が盗賊にまちがえられて逮捕され、王の宮廷に連れて来られました。そこに一人の女がやって来て、王に三人の助命嘆願をします。

仏典の『ジャータカ』に出てくる話です。

「おまえとあの三人の男たちと、いったいどういう関係か？」

王は女に問います。

「一人はわたしの夫です。もう一人は、わたしの弟です。そして残った一人は息子でございます」

女はそう答えました。ちょっとおもしろいと思ったのでしょう、王は、それじゃあ三人のうち一人だけを助けてやる、どの男を助けたいか、そなたが選べ、と言いました。

「では、弟を助けてやってください」

迷うことなく、女はそう答えました。

王はびっくりします。いささか意外な返事だからです。それで、王はその理由を女に尋ねました。

「王さま、夫が処刑されても、また代わりの夫を見つけることができます。そして夫が見つかれば、息子はまたつくることができます。ですが、わたくしの両親はすでに死んでいます。ですから、弟の代わりはありません。わたしにとって弟が、いちばん掛け替えのない存在です」

じつに論理的な答えです。その答えに感心した王は、そこで三人の男をみな釈放してやりました。

といったお話です。読者はどう思われますか……?

わたしは、どうもこの話は気に入りません。なぜか、といえば……。いや、その前に、もう一つ、気に入らない話を紹介しておきます。

こちらのほうは『今昔物語集』（巻第十九・第二十七話）です。

淀川が増水したとき、川辺に住んでいた法師が流されて来た子を助けます。泳いで行って捕まえてみれば、それはわが子でした。それでその子を抱きかかえて岸近くまで来るのですが、そこにまた老婆が流されて来ます。見れば、それは自分の母でした。二人を助けることはできませんので、法師はわが子を捨てて老母を助けました。

そこに彼の妻が来て言います。「わが子を見捨てて、こんな朽木《くちき》のような、今日明日に死んでしまうかもしれない老婆を助けるなんて、あなたは馬鹿だ」と。

それに対して、法師は言います。「おまえが言うのもよくわかるが、明日死ぬかもしれない母親でも、母親は母親だ。子どものほうは、命さえあればまたつくることができるのだから……」

わたしは、この話も気に入りません。まあ、物語のほうは、この法師の殊勝な心に応じて、仏がはからって彼の子どもを下流で人が救ったことになっています。いちおうハッピー・エンドなんですが、結果さえよければいいじゃないか、とはなりませんよね。やはりこの法師はまちがっているのです。

だが、……。

誤解しないでください。わたしは、法師は息子を助けるべきであった、盗賊の妻は夫か息子の助命を求めるべきであった、と言っているのではありません。そうではなくて、彼らが母親や弟を選んだことがよくないのです。

前にも言いましたが、仏教では、XとYをくらべて、XよりもYのほうがよいと認識し、判断する心の働きを〝分別《ふんべつ》〟といいます。しかし、この「分別」は、あくまでもその人の経験や知識にもとづいたものであって、まちがっている可能性があります。たとえば、儒教道徳の影響を受けて育った人（あの法師がそうでしょう）であれば、わが子よりもわが母を大事にします。だから、わが子を捨てて母を助けたのですが、その助けた母がのちに殺人犯になったらどうしますか。〈それであれば、あのとき、母を見捨てて子どものほうを救っておけばよかったのに……〉と後悔するはめになりませんか。

したがって、仏教では、われわれ凡夫がする分別は、本質的に、

――妄分別――

だとしています。そして、分別しないことをすすめています。すなわち、

――無分別――

のすすめです。この無分別によって得られる智慧が「無分別智」であり、ほとけさまの

智慧であります。

そして、この無分別智は、お気づきのように「空」の智慧、すなわち般若です。「空」というのは、ものに物差しがついていないことです。すべてのものは「空」なのに、われわれはそれを勝手な物差しでもって分別しているのです。そのような分別のない智慧が般若です。

では、どうすればいいのですか？　三人のうち誰か一人を助けてやると言われたとき、彼女は誰を選べばよかったのですか？

「選ぶな！」というのが、般若です。

ということは、「デタラメにせよ！」ということです。

池であなたの妻と母が同時に溺れています。どちらを先に助けるか……といったとき、近くにいるほうから先に助ける——というのが般若です。それがデタラメです。

でも、あるとき、わたしがこのように話したら、

「その〝近くにいるほうを先にする〟というのも、選んでいることになりませんか⁉」

と詰問されたことがあります。その人にすれば、「近くから」と「遠くから」をデタラメに決める必要があると思っておられるのですが、かりにあるときは遠くの人を先にする

として、それで二人とも救えない場合があります。そうであれば、やはり近くの人を先にしたほうがいいでしょう。

たとえば、火災があって怪我人を救急車で運ぶ場合、最初に救急車の所まで来た人を運ぶことにします。それがデタラメなやり方です。しかし、最初の人と決めるのはデタラメにならないという反論も成り立ちそうですが、それじゃあるときは七番目にし、あるときは三番目の人にするとします。でも、七人もの怪我人が来なかったら、結局は誰一人運べませんね。だから、最初に来た人としておけばいいのです。

まあ、ともあれ、デタラメにするのが無分別智です。

だから、二人の人間が溺れていれば、近い人から先に救います。

『今昔物語集』の法師の場合、最初にわが子を助けたのですから、その子を助ければいいのです。それがデタラメです。彼が、子どもよりも母親を先にすべきだ……と考えたとき、それが分別智です。分別智による選択は、うまくいく場合もあれば、うまくいかないときもあります。いや、たいていは後悔をともないます。のちに男が、母親の行動に対して、〈やっぱり息子のほうを助けておくべきであったかな……〉と思うようになったり、あるいは助けられた母親が、〈なんでわたしなんかより、息子を救ってやらなかったんだ。わたしは心苦しいよ……〉と思わないともかぎりません。

　では、三人の盗賊の場合は、女はどうすべきであったでしょうか……？　彼女は、自分では選ばずに、デタラメに決めるのです。その決め方は、たとえばサイコロを振って、1と2は夫、3と4は息子、5と6は弟とします。

　しかし、ここで大事なことが一つあります。それは、デタラメに決める――というのは、自分が決めるのではなく、ほとけさまに決めてもらうと考えることなのです。凡夫の分別智では決められないから、ほとけさまの無分別智（それは「空」の智慧であり、デタラメの智慧です）に判断を委《ゆだ》ねるわけです。

　この考えがないと、デタラメはすなわち無責任になってしまいます。

　そして、ほとけさまが決めてくださったことだと信じてデタラメの決定に委ねるならば、わたしたちは安心ができるのです。ほとけさまが、おまえはこのようにしなさいと決めてくださったのだから、それがどんな結果になっても〈ありがたいことだ〉と受け容れることができます。

　その意味では、デタラメこそがほとけさまです。わたしはそう思っています。

29　願う心がわれわれを不幸にする

すっかり忘れていたのですが、六年前に還暦を迎えたときに、わたしは一句をひねりました。

――還暦や　もういくつ寝ると　お葬式――

しかし、こんなのは俳句じゃありません。下手な川柳ですね。でも、六年前、知人たちにこの句を披露すると、まあお義理で笑ってくれました。

だが、女房だけは、あまりいい顔をしません。

そこで、わたしは句を作り変えることにしました。

そのとき、わたしが思い出したのは、江戸後期の臨済宗の僧の仙厓義梵《せんがいぎぼん》（一七五〇―一八三七）の言葉です。あの書画をよくした仙厓さんです。

坐禅して人は仏《ほとけ》になるといふ我《われ》は仏の子にかへるなり。

（『仙厓和尚語録』）

彼はそう言っています。普通は、坐禅をするのは、悟りを開くため、悟りを開いて仏になるためです。だが、わしは違う、と仙厓さんは言います。わしが坐禅するのは、仏の赤ん坊になるためだというのです。

〈ああ、そうなんだ――〉

と、わたしは思いました。仏教というものは、わたしたちが仏の赤ん坊になって、仏に甘えて生きればいいんだと教えてくれているのです。なにも肩肘《かたひじ》張って生きる必要はありません。もっとも、そうしたい人はそうしてもいいのですよ。人それぞれです。しかし、わたしのようなずぼらな人間は、肩肘張らずにほとけさまにすべてをおまかせして生きたほうがいい。そのほうが気が楽だ。そんなふうに考えたのです。

そこで、仙厓さんに教わって、こんな句にしました。

――還暦や　仏の赤子ゾ　これからハ――

還暦に赤いちゃんちゃんこを着るのは、あれはもう一度、赤ん坊に戻ることを象徴しているといわれています。還暦を期して再び赤ん坊に戻るのは、古来から言われてきたことなんです。わたしもまた、そういう伝統に従って生きようと、そのとき思ったわけです。

でも、それをすっかり忘れていました。最近になって、ふと思い出しました。

＊

では、仏の赤ん坊になるというのは、どういうことでしょうか。

お釈迦さまは、釈迦国の太子として享受していた栄耀栄華の生活を棄てて、

――出家――

をされました。それが幸せに至る道だから、そうされたのです。そして、マガダ国の頻《びん》婆娑《ばしゃら》羅王（ビンビサーラ）から、財をもって還俗をすすめられたときも、それを拒絶しておられます。仏教では、貧しいほうが幸せなんだよ……と教えているのです。

そういえば、江戸前期の臨済宗の僧の至道無難《しどうむなん》禅師（一六〇三―七六）が言っていました。

人ほどはかなきものなし、神仏にむかひ、富貴をねかふ。ねかふ心をやむれは富貴なることをしらず

（『至道無難禅師法語』）

〔人間ほど愚かなものはいない。神仏に向かって富貴を願うが、その願う心をやめれば富貴なのだ、ということを知らないでいる〕

そうなんです。願う心がわれわれを不幸にするのです。もう少し欲しいと思う心が貪欲であり、それが苦の原因になります。これでもう十分です。ありがたいなあ……と思ったとき、わたしたちは幸せになれるのです。

山登りで考えてみましょう。八合目まで登って、そこで疲れきったとします。そのとき、なんとか頂上まで登りたいと願えば、無理をしてなおも登りつづけるでしょう。そして九合目でダウンします。苦しくなって動けなくなり、下手をすれば死んでしまうのです。これは不幸ですね。頂上に立ちたいと願う心が、人間を不幸にするのです。

けれども、八合目で、〈もうこれでいい〉と思ってゆっくりと下山できる人は幸福です。

実際、八合目で眺める風景もすばらしいですよ。かえって頂上よりもいいかもしれません。そのすばらしい景色を楽しむことができれば、くたくたになって頂上に立っただけの

人よりはるかに幸福です。そのことを至道無難禅師は言っているのです。

でも、若いうちは、なかなかそうは思えません。若いうちは、誰もが頂上に立ちたいと思うものです。

それはそれでいいのかもしれません。しかし、老年になれば、やはりちょっとものの考え方を変えるべきです。

インド人は、人間の一生を四つの時期に分けています。
1　学生期……これは若い時代で、真理を学ぶ時期です。人間としての生き方を学ぶ時期ともいえます。
2　家住期……職業に専念する時期です。利益の追求に励みます。
3　林住期……隠居の時代です。職業から離れます。
4　遊行期……宗教的巡礼をする時期です。
いまの日本人がよくないのは、人間の一生を家住期ばかりにしてしまっていることです。学生期の者に人間としての生き方を教えず、ただただ金儲けの技術ばかりを教えています。そして、隠居すべき時期になっても、「生涯現役」などと言って、利益の追求に余念がありません。そういう日本人をエコノミック・アニマルと呼ぶんです。ご存じですよね。

じつは、林住期と遊行期の区別が、インドの文献ではもう一つはっきりしないのです。しかしわたしは、林住期というのは、現役を引退した老人が、若い人たち、とくに学生期の人たちに向かって、エコノミック・アニマルではない（エコノミック・アニマルは人間ではなしに動物です）、真の人間としてのあり方を教える義務を持った期間だと思います。つまり、林住期の老人には宗教的教育をする義務があります。その義務から解放されるのが遊行期です。ですから遊行期に入った老人は、巡礼や遍路をするのです。

ところが、戦後日本の老人たちは、いつまでも現役でがんばって、人間としての本当の生き方を若い人々に教えてこなかった。いや、彼ら自身が、本当の生き方を知らず、ただ金儲けだけに生きてきたのです。そのために日本がおかしな国になりました。

そういう反省から、わたしは、仏の赤ん坊になることを考えました。

赤ん坊は無欲です。あるいは少欲です。そして、いつもにこにこしています。

若いうちは、あまり無欲であっては困ります。ある程度の欲を持つべきです。でも、そこにブレーキが必要です。これまでの日本人は、そのブレーキを持たなかった。年寄りが教えてくれなかったからです。そこで、わたしたち老人が、そのブレーキの役目をせねばならぬと思っています。そしてそのために、わたしたち老人が仏の赤ん坊にならないといけないのです。
六年前に考えたことを思い出して、もう一度確認した次第です。

30 あなたはあなたでいい

「あなたは引っ込み思案だからいけない、もっと積極性を持つべきだ」――

「おまえさんは、どうも調子がよすぎるよ。だから、人から軽薄な人間に思われるんだ。もう少し落ち着きを持ち、慎重に行動したほうがよい」――

わたしたちは自分の子どもや部下に向かって、よくこんな発言をしてしまいます。あるいは、自分自身に対しても、

〈わたしには陰気なところがある。そんなわたし、わたし自身が好きになれない〉

と考えてしまうのです。

だが、これは、要するに、

――人間改造――

の思想です。とても危険な思想だとわたしは思います。

「人間改造」の思想とは、端的に言うならば、

――あなたはあなたであってはいけない――

というものです。あなたがどんな人間であっても、「それではいけない」と否定されてしまうのです。たとえばあなたが従順な性格であれば、あなたは主体性のない人間であって、それではよくないのです。もっと主体性を持つべきだ、と、「人間改造」が要求されます。逆にあなたが主体性のある人間であれば、もっと従順になれと「人間改造」が要求されるのです。頭の回転の速い人は、物事を深く考えない人です。乱暴な人は乱暴であってはいけないし、まじめな人間はあまりまじめすぎるのはよくないと、いかなる場合でも「人間改造」が要求されます。


そして、日本においては、学校がその人間改造の専門機関とされてきました。学校の教員たちは、寄ってたかって子どもたちを改造しようとします。「あなたはもう少し積極的になりなさい」「あなたはもっと控え目にしなさい」と、そう言うのが教師の役目である

かのように思われています。

ギリシア神話に、プロクルステスと綽名《あだな》される強盗がいます。〝プロクルステス〟というのは、「引き伸ばす男」といった意味です。

街道に住んでいるこの強盗は、旅人を自分の家に泊めてやります。それは親切ですが、彼の家には二つのベッドがあります。そして、背の高い旅人は小さな寝台に、背の低い旅人は大きなベッドに寝かせます。

大きなベッドに寝かされた小さな人は、当然背が足りません。するとプロクルステスは、この旅人を槌《つち》で叩き、おもしでのして寝床の長さに引き伸ばすのです。反対に小さなベッドに寝かされた大きな人の場合は、長すぎてはみ出た頭を鋸《のこぎり》で挽《ひ》き切ってしまうのです。

おもしろい（？）強盗ですね。

もっとも、このプロクルステスは、のちにテーセウスという英雄に殺されます。テーセウスはプロクルステスを彼が使っていた小さなベッドに寝かせて、はみ出た頭をちょん切りました。プロクルステスは自縄自縛《じじょうじばく》になったのです。

まあ、現代日本の学校の先生たちは、このプロクルステスと同じことをやっているわけです。

学校ばかりではありません。日本の職場においても、管理職は部下の人間改造をおのれの使命であるかのように思っています。そのいちばんいい例が、日本のプロ野球の監督、コーチたちです。彼らは寄ってたかって選手を改造し、そして駄目にしています。それが証拠に、アメリカに行った日本人の選手を見てください。彼らはのびのびと個性を発揮し、楽しく野球をやっています。アメリカの監督やコーチは、選手の個性を改造しようとはしません。

アメリカには「人間改造」の思想がないからです。

では、なぜ、欧米人は「人間改造」をしようとしないのでしょうか……?

それは、欧米の文化が牧畜文化だからです。

「角《つの》を矯《た》めて牛を殺す」——といったことわざがあります。牛の性格を変えようとすれば、下手をすれば牛が死んでしまいます。だからカウボーイは、暴れ者の牛を暴れ者のままに、臆病な牛は臆病なままに管理するのです。暴れ牛をおとなしくさせるのが管理ではありません。

だが、日本の文化は農耕文化です。それで日本人の管理は、野菜の管理になってしまうのです。

野菜には、臆病なダイコンもなければ、気の荒いホウレン草もありません。その意味で十把一絡《から》げの管理になってしまいます。

いや、そもそも野菜というものが、品種改良されたものです。

雑草のように強い――といった形容句がありますが、雑草も園芸種も同じ草で、雑草が特別強いわけではありません。ただ、雑草は発芽時期がばらばらなんです。だから、最初に芽を出した草が霜《しも》に遭って枯れたとしても、あとから芽を出す草があり、それが生長するのです。反対に、野菜や園芸種はみんなが同時に発芽するように品種改良されていますから、悪天候にすべてがダメージを受けるのです。

農業というものは、その意味では自然ではありません。人間が手を加えたものなんです。だから、農耕民族であるわれわれ日本人は、まるで野菜をいじくるように「人間改造」をやりたくなるんでしょう。わたしはそう思います。

それはそうとして、わたしは、この「人間改造」の思想は、人間の尊厳を認めない悪魔の思想だと思います。

なぜなら、仏教的にいえば、わたしたちはみんなほとけの子です。『法華経』という経典は、われわれ一切衆生《いっさいしゅじょう》が「仏子《ぶっし》」だと言っています。

ということは、ほとけさまが、陰気な人は陰気であっていい、怠け者は怠け者であっていいと認めておられるのです。それを、「あなたはあなたであってはいけない」「あなたは自分をこう変えなければならない」と言うことは、ほとけさまに楯突《たてつ》いていることになりませんか。

あなたはあなたでいいのです。あなたは、いまのあなたをそのまま好きになってくださいーー。そして、あなたの周囲の人々を、その人がいまある状態のままで好きになるのですーー。それが本当の意味での人間尊重ではないでしょうか。

本書は書き下ろしです

著者紹介

ひろさちや

1936年大阪生まれ。東京大学文学部印度哲学科卒業、同大学院博士課程修了。気象大学校教授を経て、現在、大正大学客員教授。「まんだらの会」会長。宗教思想家。

仏教を中心とした宗教の真髄を鋭くかつわかりやすく語り、多くのファンに支持されている。

おもな著書に、『仏教が教える 人生を楽しむ話』『仏教とキリスト教』『「論語」生き方のヒント』『まんだら人生論』『なぜ人間には宗教が必要なのか』など多数がある。

本書は、「般若心経」の教えを毎日の暮らしに実践するためのヒントを綴った書き下ろしになる。

「般若心経《はんにゃしんぎょう》」で朝《あさ》から幸福《こうふく》に生《い》きる

2003年6月25日　第1刷

著者　ひろさちや

発行者　小澤源太郎

発行所　株式会社 青春出版社

東京都新宿区若松町12番1号〒162-0056
振替番号　00190-7-98602
電話　編集部　03(3203)5123
　　　営業部　03(3207)1916

印刷　堀内印刷　製本　大口製本

万一，落丁，乱丁がありました節は，お取りかえします。
ISBN4-413-03408-2 C0095

ひろ さちや著

人生を深く知るロングセラー

仏教が教える人生を楽しむ話

――ほとけと対話する16講――

生きがいなんて、いらない。
ゆっくり、堂々と、
いいかげんに。
ひろ さちやの幸福論

四六判上製
1300円
ISBN4-413-03326-4

お願い ページわりの関係からここでは一部の既刊本しか掲載してありません。折り込みの出版案内もご参考にご覧ください。

※上記は本体価格です。(消費税が別途加算されます)
※書名コード(ISBN)は、書店へのご注文にご利用ください。書店にない場合、電話またはFax(書名・冊数・氏名・住所・電話番号を明記)でもご注文いただけます(代金引替宅急便)。
商品到着時に定価+手数料(何冊でも全国一律210円)をお支払いください。
〔直販係　電話03-3203-5121　Fax03-3207-0982〕
※青春出版社のホームページでも、オンラインで書籍をお買い求めいただけます。
ぜひご利用ください。〔http://www.seishun.co.jp/〕